Dorothee Sölle, Poesie als Gebet

Dorothee Sölle

Poesie als Gebet

Eine Biografie in Gedichten

herausgegeben und kommentiert
von Barbara Zillmann

wichern

Ich möchte theologie schreiben
die so über das fehlende spricht
daß es vermißt wird
und anwesend

Inhalt

Vorwort

Dorothee Sölle verstand sich als politische Theologin. Ein Grund für viele, sie zu meiden, für andere, sie zu verehren. Eine Christin, die klar Stellung bezog in kritischen Zeitansagen und dabei zugleich spirituell lebte. Viele schätzten ihre Parteilichkeit und Subjektivität, andere, und manchmal dieselben, fanden ihren Ton zeitweilig zu moralisch oder provokativ.

Als junge Frau galt sie in ihrer Kirche als Quertreiberin. Durch ungewohnte Gebets- und Predigtformen wollte sie auch Menschen außerhalb der Kirchen erreichen, eine „neue Sprache" finden. Gern nutzte sie dabei die lyrische Form. Texte meist ohne Reim, ernst oder leicht, zwischen Sprechgesang, hymnischem Gebet und biblischer Nachdichtung. Jenseits eines gefälligen, beruhigenden Christentums, getragen vom Wunsch einer theologischen Neuorientierung nach dem Holocaust.

Die Theologie Dorothee Sölles hat eine kritische Nachkriegsgeneration in Deutschland geprägt und die weltweite Ökumene bereichert. Ihre Gedichte begleiten auch viele der heute kirchenaktiven Menschen. Sie stehen in Schulbüchern, Gemeindebriefen, Jahreskalendern und kirchlichen Grußkarten. Manchmal werden sie dabei ihrer Spitze beraubt, gekürzt, umgedeutet, zur knappen Losung verdichtet.

Die hier vorliegende Ausgabe möchte die bleibenden Gedichte der Autorin versammeln, komplett zeigen und einen zeitgeschichtlichen, biografischen Zusammenhang andeuten. Ohne strenge Chronologie und wissenschaftlichen Anspruch, es sollen vielmehr Motive, die die Autorin zeitlebens begleiten, aus ihrem Entstehungszusammenhang verständlich werden und dann in den Texten unterschiedlicher Lebensphasen weiterklingen. Viele Motive sind früh angelegt, ihr Klang verändert sich aber im Laufe der Zeit; von kämpferisch-provokant bis zart oder meditativ. Manche sind zeitlos. Andere enthalten historisch nicht mehr verständliche Passagen, die hier in seltenen Fällen gekürzt wurden, was durch Auslassungszeichen

… gekennzeichnet ist oder als Auszug benannt wird. Nicht selten erhalten aber auch scheinbar veraltete Themen heute neue Brisanz.

Die Jahreszahl und das Kürzel an den Gedichten beziehen sich auf Veröffentlichungsdatum und Buchtitel. Eine Textidee kann jedoch weit vor der Veröffentlichung entworfen worden oder schon in einer Predigt vorgekommen sein. Denn Dorothee Sölle schrieb fast täglich auf, was sie bewegte, oft zunächst in einer spontanen poetischen Skizze, bevor daraus eine systematische Abhandlung wurde. Gern orientierte sie sich an Bertolt Brechts knapper, dialektischer Sprache, aber auch an den Gebeten, Klagen, Berichten der Bibel. Einer, der früh aufhorchte, war der junge Verleger Wolfgang Fietkau. Die sieben Gedichtbände von Dorothee Sölle, die zwischen 1969 und 2000 in seinem Verlag erschienen sind, bilden den Fundus dieser Sammlung:

Meditationen & Gebrauchstexte, 1969 (Kürzel MG); Die revolutionäre Geduld, 1974 (RG); Fliegen lernen, 1979 (FL); Spiel doch von Brot und Rosen, 1981 (BR); Verrückt nach Licht, 1984 (VL); Zivil und ungehorsam, 1990 (ZU); Loben ohne Lügen, 2000 (LL). Genaue Quellenangaben und Zitierhinweise sowie wenige Anmerkungen finden sich am Buchende. Die ungewöhnliche Schreibweise ihrer Gedichte hat Dorothee Sölle selbst festgelegt.

Andere Zitate zu Beginn der Kapitel stammen aus Gesprächen, die der Verleger Wolfgang Fietkau oder die Herausgeberin im Zuge ihrer Rundfunkarbeiten mit Dorothee Sölle führten oder mit ihrem Ehemann und Lebenspartner, dem Theologen Fulbert Steffensky. Ihm und seiner Familie gilt ein besonderer Dank.

Kleinmachnow im August 2019 *Barbara Zillmann*

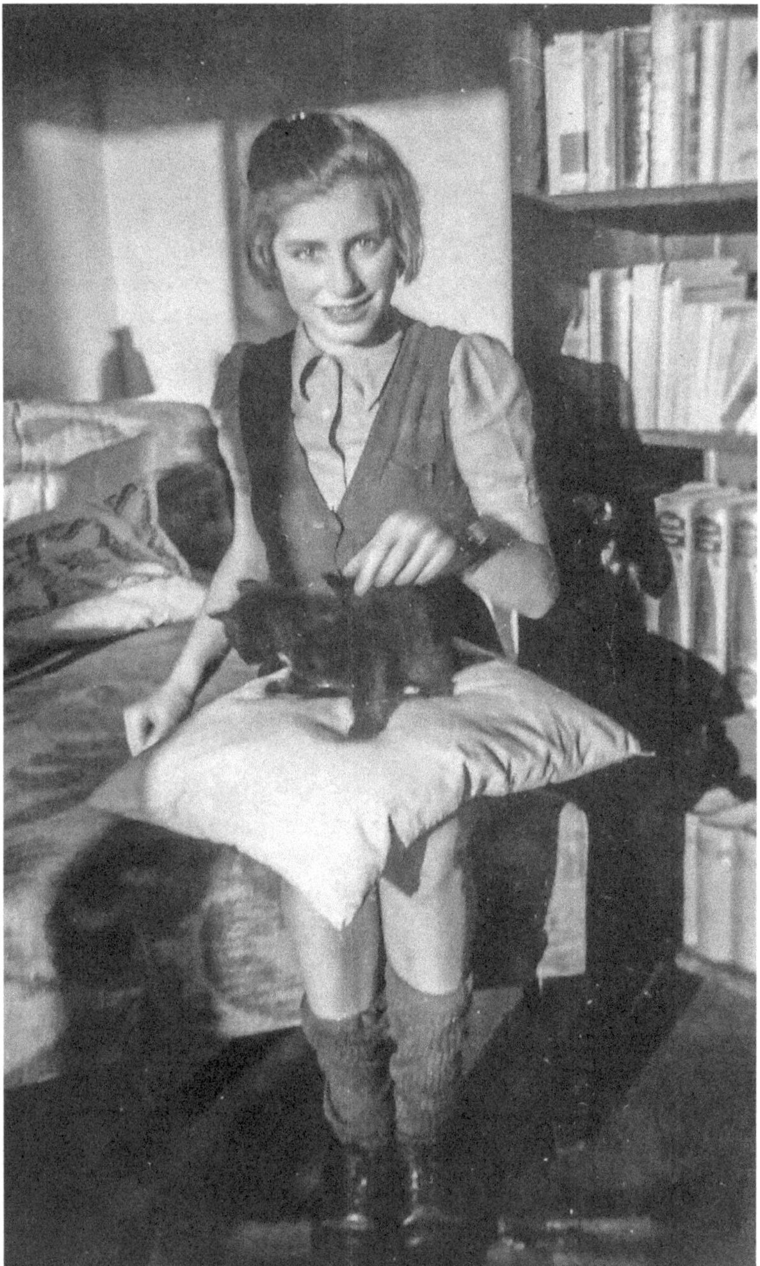

Ein leiterwagen

Mir träumte von einem leiterwagen
ich sah ihn nur kurz
aber ich hörte ihn klappern
auf den kleinen Pflastersteinen

Ein unverstandener traum
lese ich im talmud
ist wie ein ungeöffneter brief

Nie hab ich als kind
den leiterwagen bekommen
den ich mehr als alles brauchte

Später sah ich den großen wagen
über derselben straße
und wunderte mich
ob ich in ihm fahren könnte

Den brief hab ich geöffnet
aber lesen kann ich ihn nicht
ganz undeutlich entziffere ich
ein verblaßtes wort namens frieden

1981
BR 100

Kindheit und Jugend

Am 30. September 1929 wird Dorothee Nipperdey in Köln geboren, als viertes von fünf Kindern. Ihr Vater ist der Professor für Arbeitsrecht und spätere Präsident des Bundesarbeitsgerichts, Hans Carl Nipperdey. Die Mutter Hildegard steht wie ihr Mann der Kirche eher kritisch gegenüber, man zählt sich zum liberalen Bürgertum. Die angesehene Juristenfamilie versucht, sich in dezenter Distanz zum NS-Regime zu halten.

Bei Kriegsende ist Dorothee sechzehn Jahre alt. Sie ist erschüttert, als sie von den Verbrechen der NS-Zeit erfährt, von der Halbherzigkeit der Kirchen im sogenannten Widerstand, von der Anpassung der „gutbürgerlichen" Gesellschaft, in der sie aufwuchs. Der Verlust einer Freundin in den Bombennächten und eines Bruders im Krieg lasten auf ihr.

Eine Lehrerin stärkt sie, indem sie politische Fragen der Zeit mutig anspricht. Musizieren wird zu einer Lieblingsbeschäftigung. Das Tagebuch der Anne Frank hilft bei der persönlichen Wahrheitssuche und beflügelt sie im eigenen Schreiben. Im Jahr 1949 beginnt sie ein Studium der Philosophie, Germanistik und Klassischen Philologie in Köln und Freiburg, 1951 auch ein Theologiestudium. Der doppelte Blick auf Literatur und Glaubensbilder wird sie fortan prägen. Themen des Existenzialismus treffen ihr Lebensgefühl.

1954 macht sie ihr Staatsexamen. Sie wird Deutsch- und Religionslehrerin in Köln und heiratet im gleichen Jahr den Maler Dietrich Sölle, mit dem sie drei Kinder haben wird. Bald schreibt sie als freie Autorin für Rundfunk und Zeitschriften, versteht sich als Schriftstellerin. Ab 1962 kommt die wissenschaftliche Mitarbeit an den Universitäten in Aachen und Köln hinzu. Doch die Wiederbewaffnung der Bundesrepublik, die atomare Aufrüstung in Ost und West lassen alte Kriegsbilder zurückkommen. Und eine Friedenssehnsucht, die im Glauben nach Orientierung sucht.

Beethoven klaviersonate in f-moll

An der wohnungstür bereit fortzugehen
will das radio ausschalten
und bleibe stehen und versinke
ein paar töne ziehen mich fort

Ich sehe mein altes elternhaus
der grüne salon mit den eher beiläufigen möbeln
eben habe ich einen baum
zu meinem reich erklärt
und bunte seidenbändchen
die meine alte patin mir schickt
im wunderknäuel damit ich endlich stricken lerne
um die äste der birke geschlungen
hoch oben wo mich niemand vermutet

In diesem endlosen sommer vor dem krieg
tönte musik durch den garten
wer von den brüdern spielte denn

Es gibt keinen grund
nur immer ich
nur immer ich jetzt
nur immer ich mit vielen pflichten
es gibt keinen grund
erwachsen zu sein

Musik hören ist
eine art frei zu sein

1984
VL 63

Auf der fahrt durch die rheinebene

Seh ich den kirschbäumen wieder zu
wie vor vierzig jahren im juni
sitz ich im kirschbaum
mit dir mit dir
du warst so viel besser im spucken
ein anderer und derselbe

Du schlugst vor zu heiraten später
und ich saß zwar höher
wußte aber nicht wie herunterkommen
ohne dich ohne dich
ich war neun du erst sieben
ein anderer und derselbe

Bin ich denn jemals heruntergekommen
und habe das spucken gelernt
mit dir mit dir
sag ich mein kirschbaum du
dem anderen und demselben

Geb ich es auf herunterzukommen
ohne dich ohne dich
bleib ich noch hocken im kirschbaum
höre dem kuckuck zu
mit dir mit dir
wie lang werd ich noch leben
ohne dich ohne dich
mein kirschbaum du
ein anderer und derselbe

1979

FL 39

Wie spatzen sind meine wünsche

Wie spatzen sind meine wünsche
freche unmusikalische vögel
oft hab ich sie weggescheucht
auch den einen oder anderen zu boden getroffen
mit meiner analytischen schleuder
und mir einfach vorgenommen
ohne spatzen zu leben
in einem wohnschacht zum beispiel
hell erleuchtet gar nicht besonders schmutzig
hübsche sachen zum aussuchen und einwickeln
finde ich dort die trag ich
von einem ende der u-bahn-station
zum andern
warum nicht gleichmäßig mein leben zubringen
ohne die störenfriede
arglos kommen sie wieder
suchen mich auf und besetzen das land
wie oft hab ich sie weggescheucht
freche unmusikalische vögel
wie spatzen ihr meine wünsche

1981
BR 16

Wo ist meine freundin

Gefaßt und heiter
taucht sie auf aus der depression
manchmal sucht sie ein wort
oft fehlt ein name
nach einer weile erzählt sie dieselben dinge
und geht ganz langsam
bewegung ist gut für mich
im zimmer auf und ab

Ach wo ist meine freundin
in meiner bombenstadt steh ich ein kind
vor dem zertrümmerten haus
ich kann noch klingeln
als käme jemand
die fassade hält
der wind bläst durch die leeren fenster

Wo ist meine freundin
kaum ist sie gegangen
weine ich los
wer hat sie verbracht
hinter den depotspritzen
lächelt sie
nicht sie

1984
VL 55

Im hause des menschenfressers[1]

Geboren in der zeit des gases
geriet ich später ins haus des menschenfressers
seine frau die schöne rundliche
nahm mich fürsorglich auf
und gab mir reichlich zu essen
versteckte mich vor ihm
wenn er nach hause kam

Jetzt lebe ich nicht so schlecht
im hause des menschenfressers
tags geht er umher im land
raketen zu stationieren
die landschaften zu verwüsten
und die jungen männer zu trainieren
im doppeleinsatz draußen und drinnen
für den entfernten feind
zeigt ihnen der menschenfresser
den berühmten erstschlag
für die bürger im eigenen land
die kräftig bestrahlt immer noch still sind
hat er hunde vorgesehen und gas versteht sich
ich laufe tagsüber frei herum
im hause des menschenfressers
scherze mit seiner frau und denk mir nichts weiter

Nur am abend wenn er nachhause kommt
herumschnüffelt und mich sucht
zittere ich vor angst
in meinem bombensicheren kistchen
dann träumt es mir
von abgerissenen gliedern
und von verhungerten gelblichen kindern
dann hasse ich vater und mutter
die mich hierhergeboren

Eines tages
das war noch nie anders
frißt uns der menschenfresser
das war immer so
bisher

1981

BR 15

Beim lesen der nadeschda mandelstam[2]

Der dichter
beargwöhnt und überwacht seit langem
hat freunde

Der eine legt dreimal den hörer auf
wenn der gezeichnete anruft

Der andere schickt seine frau
nachzufragen wies steht
er selbst sei leider verreist

Ein dritter wird spitzel
er braucht eine bessere wohnung

Als das auto vorfuhr zum abholen
haben drei gute nachbarn
gerade geschlafen

Verleugnen verraten verlassen und schlafen
die alte geschichte der freundschaft
vergiß nicht für solche freunde
ist christus gestorben

1974
RG 26

Als sich eine schülerin das leben genommen hat

Ich habe es nicht gewußt
du hast es nicht gewußt
er sie es wir ihr sie haben es nicht gewußt

Ich habe es nicht wissen können
ich habe es nicht wissen wollen
ich habe es nicht kommen sehen
ich habe es laufen lassen
ich habe es nicht aufhalten können

Ich habe auch nur zwei augen
ich habe auch nur zwei hände
ich habe auch nur ein telefon
ich kann nicht überall sein
ich bin nicht immer erreichbar

Ich glaube an christus sagt man
er hätte ihr helfen können sagt man
wenn ich du er sie es wir ihr sie
christus geworden sind
braucht man nicht mehr sagt man zu sagen

1974
RG 22

Märchentagung

Als ich die zärtlichkeit gottes erzählen wollte
mußt ich die ältesten märchen bemühen
von der nachtigall die so singt daß alle von sinnen kamen
nicht hier nicht hier

Als ich die zärtlichkeit gottes mitteilen wollte
hab ich zugehört hab ich geschwiegen
hab ich leiser gesprochen
nicht hier nicht hier

Als ich die zärtlichkeit gottes austeilen ging
sah ich den unglauben auf zwei gesichtern
eines mannes und eines mädchens
ob du es glaubst oder nicht
das war hier das war hier

1981

BR 122

Die erste Reise nach Israel, das war für sie und mich eine Aneinanderreihung von Erschütterungen, weil man die Menschen noch sah mit ihren Tätowierungen, ihren KZ-Nummern, mit ihrem Schicksal, es war dauernd Klima des Lebens. Es war die Station, der Ort, von dem aus man ständig gedacht hat und beständig versucht hat auch Theologie zu betreiben, also für meine Frau damals die große Frage, wie kann man Gott loben nach den großen Vernichtungen, die passiert sind.

Fulbert Steffensky
in einem Gespräch mit Barbara Zillmann, 2005

Für eine andere Theologie

Fulbert Steffensky und Dorothee Sölle begegnen einander zum ersten Mal 1966 auf einer Studienreise nach Israel, die der katholische Benediktinermönch mit organisiert hat. Beide haben die Vision eines selbstkritischen, weltoffenen und sühnebereiten Christentums. Im Hintergrund die Unbeweglichkeit und Selbstgerechtigkeit vieler Kirchenvertreter, katholisch wie evangelisch. 1965 schon war Dorothee Sölle mit einer harschen Kritik an die Öffentlichkeit getreten, auf dem Evangelischen Kirchentag in Köln:

„Lassen Sie mich mit den Worten eines Dichters reden: Wirklich, ich lebe in finsteren Zeiten ... Ich wäre auch gern fromm ... In den alten Büchern steht, was fromm ist: sich aus dem Streit der Welt halten und die kurze Zeit ohne Zweifel verbringen, die Bibel lesen und auf Gottes Wort vertrauen, den Katechismus lernen, sich an die Kirche halten, Gott loben und seiner Führung gewiß sein. Alles dies kann ich nicht. Es geht nicht mehr."

Ihre leidenschaftliche Rede nimmt Bezug auf ein Gedicht Bertolt Brechts. Sie kritisiert den Rückzug der Nachkriegstheologie in Kirchenmauern und Elfenbeintürme – und fordert Verantwortung zu übernehmen für ein demokratisches Deutschland und: für die Schuld der Vergangenheit.

„Nicht zu der Zeit, als Juden und Sozialisten in die Schutzhaftlager des Dritten Reiches kamen, organisierte sich der kirchliche Widerstand, sondern erst, als es der Kirche selbst an den Kragen ging, nämlich als man den Arierparagrafen in ihr einführen wollte. Innen und außen wurden damals und werden auch heute noch auf das Genaueste unterschieden. ... Die Zukunft der Kirche hängt ab von ihrer Fähigkeit zur Selbstkritik und Veränderung."

Kirchenvertreter sind empört. Gerade erst hat man die kircheninternen Auseinandersetzungen um die Verbindungen mit dem NS-Regime halbwegs befriedet, da fordert Dorothee Sölle radikale Konsequenzen in der Theologie. Sie mahnt, sich dem Judentum zu öffnen und zugleich zuzugehen auf die vielen Zeitgenossen, die außerhalb der Amtskirchen auf eine bessere Welt hoffen; sie seien „eine latente, verborgene Kirche, die heimliche Gegenwart Christi". Anregungen gaben neben christlichen Denkern wie Karl Barth und Dietrich Bonhoeffer auch jüdisch-deutsche Philosophen. Theodor W. Adorno brachte seine Erschütterung über die deutsche Geschichte in die Worte: Nach Auschwitz sei es nicht mehr möglich, Gedichte zu schreiben – in einem naiven, romantischen Sinn. Ernst Blochs „Prinzip Hoffnung" begleitet Dorothee Sölle ebenso wie seine Gedanken zum Atheismus im Christentum. Die persönliche Begegnung mit Martin Buber, seine dialogische Philosophie berühren sie.

1965 veröffentlicht sie ihr wissenschaftlich angelegtes Buch „Stellvertretung: ein Kapitel Theologie nach dem ‚Tode Gottes'". Gestorben sei für sie die Vorstellung vom allmächtigen Wundergott, der die Geschicke der Welt lenkt. Jesus, selbst schwach gegenüber den weltlichen Mächten, rückt ins Zentrum. In seiner Nachfolge könnten Männer und Frauen Gott helfen, eine „neue Erde" vorzubereiten.

In der theologischen Zunft sorgt allein ihr Buchtitel für Entrüstung, die „Gott-ist-tot-Theologin" war geboren. Obwohl kaum jemand ihr Buch genau las, wurde Dorothee Sölle wie eine Ketzerin beschimpft. Viele übersahen, dass sie im Titel Friedrich Nietzsche zitierte und sich auf ältere philosophisch-literarische Debatten über das Wirken Gottes und seine Grenzen bezog. Auch ihr Appell „Gott hat keine anderen Hände als unsere" entspricht einer jüdisch-christlichen Tradition. Doch die junge Theologin interpretierte liturgische Texte und biblische Bilder so neu, so gegenwartsbezogen, dass viele verstört waren, andere begeistert.

Credo

Ich glaube an gott
der die welt nicht fertig geschaffen hat
wie ein ding das immer so bleiben muß
der nicht nach ewigen gesetzen regiert
die unabänderlich gelten
nicht nach natürlichen ordnungen
von armen und reichen
sachverständigen und uninformierten
herrschenden und ausgelieferten
ich glaube an gott
der den widerspruch des lebendigen will
und die veränderung aller zustände
durch unsere arbeit
durch unsere politik

Ich glaube an jesus christus
der recht hatte als er
„ein einzelner der nichts machen kann"
genau wie wir
an der veränderung aller zustände arbeitete
und darüber zugrunde ging
an ihm messend erkenne ich
wie unsere intelligenz verkrüppelt
unsere fantasie erstickt
unsere anstrengung vertan ist
weil wir nicht leben wie er lebte
jeden tag habe ich angst
daß er umsonst gestorben ist
weil er in unseren kirchen verscharrt ist
weil wir seine revolution verraten haben
in gehorsam und angst
vor den behörden

Ich glaube an jesus christus
der aufersteht in unser leben
daß wir frei werden
von vorurteilen und anmaßung
von angst und haß
und seine revolution weitertreiben
auf sein reich hin

Ich glaube an den geist
der mit jesus in die welt gekommen ist
an die gemeinschaft aller völker
und unsere verantwortung für das
was aus unserer erde wird
ein tal voll jammer und hunger und gewalt
oder die stadt gottes
ich glaube an den gerechten frieden
der herstellbar ist
an die möglichkeit eines sinnvollen lebens
für alle menschen
an die zukunft dieser welt gottes
amen

1969
MG 24

Eines anderen tages

Wir fragen dich oft
warum gerade ich warum gerade mir
wo steckst du bloß gott
der es gut mit uns meinen soll
bist du beschäftigt
warum kümmerst du dich nicht

Du fragst immer
hast du mich nicht gesehen
hast du mich nicht gehört als ich schrie
warst du beschäftigt
warum kümmerst du dich nicht um mich

Eines tages hören wir auf zu fragen
wir werden bitter und zynisch
gott hat mir nicht geholfen
alles kommt wie es kommt
wir kleinen leute sind ohne macht

Du fragst uns weiter
hast du mich nicht gesehen
hast du mich nicht gehört als ich schrie
nimm mich doch an wie ich bin
das mit der macht wird sich schon finden

Eines anderen tages
werden wir dich hören
starren nicht mehr nach oben
warten nicht auf zauberer
nehmen dich an christus
wie du bist
öffnen die tür
an die du lang gepocht hast
und lassen dich herein ausländer
dich aidskranken dich alte nutzlose frau

2000
LL 11

Ich kann dich nicht mitteilen

Ich kann dich nicht mitteilen jesus
ich mach mich lächerlich
in der riesigen kathedrale dir zu ehren
bist du nicht zu finden
in der kleinen bar an der ecke
bist du ein spinner ein lieber

Meine klugen freunde sagen mir
du kommst nicht weiter damit
das ist jetzt vorbei
du mußt andere mittel finden
für dasselbe ziel
meine dümmeren freunde sagen mir
du mußt mehr geduld haben
meine feinde wenn sie wüßten wie mutlos ich bin
rieben sich ihre klerikalen finger

Ich kann dich nicht mitteilen jesus
du bist zu wenige du bist verbraucht
du bringst es nicht du bist allein
du bist zweideutig du bist käuflich
mit dir schläft jeder bischof

Ich bin wie die stimme eines menschen
der gegen die megaphone anschreit die ganze nacht
der gegen die läppische musik aus den kästen spricht
im touristenzentrum
der alte heimatwörter bemüht gegen statistiken
und der den verzweifelten die ihn anrufen
nur die telefonschnur dreht hin und her

Ich kann dich nicht mitteilen jesus
...

1974

RG 9

Als er kam

1

Du bist ihm nötig
das ist das ganze
ohne dich muß er dranhängen
und durch den schornstein fahren
verkauft bleiben an den konditor
aufgewertet beim nächsten börsensturz
verzehrt und verraucht ein verbrauchter ohne dich

Du sollst ihm helfen
das ist der glaube
er schafft es nicht
sein reich
damals später und bislang
jedenfalls nicht ohne dich
ebendies ist seine unbezwingliche werbung

4

Vergleiche ihn ruhig mit anderen größen
sokrates
rosa luxemburg
gandhi
er hält das aus
besser ist allerdings
du vergleichst ihn
mit dir

5

Es gilt dies als größe
daß er nichts sagte
als sie ihn fesselten
als sie ihn hereinstießen

als sie ihm ins gesicht leuchteten
als sie ihn fragten
als sie über ihn berichteten
als sie über ihn logen
als sie über seinen vater logen
als sie über seine brüder logen
als sie über seine schwestern logen
als sie über seine absichten logen
daß er nichts sagte
es gilt als größe
ich weiß nicht

Wenn sie über ihn lügen
möchte ich schreien

6

Er schwitzt blut
darum sagt er
wein nicht

Er wird aufgegeben
darum sagt er
gib nicht auf

Er wird verkauft
darum sagt er
rechne nicht aus

Er wird verurteilt
für seine sache den himmel
darum sagt er
sieh hin die erde

Er fürchtet sich
vor gestern vor heute vor mir vor denen
darum sagt er
fürchte dich nicht

1969

MG 10–15 Auszug

Meditation über lukas 1

Es steht geschrieben daß maria sagte
meine seele erhebt den herren
und mein geist freut sich gottes meines heilands
denn er hat die niedrigkeit seiner magd angesehen
siehe von nun an werden mich seligpreisen
alle kindeskinder

Heute sagen wir das so
meine seele sieht das land der freiheit
und mein geist wird aus der verängstigung herauskommen
die leeren gesichter der frauen werden mit leben erfüllt
und wir werden menschen werden
von generationen vor uns den geopferten erwartet

Es steht geschrieben daß maria sagte
denn er hat große dinge an mir getan der da mächtig ist
und dessen namen heilig ist
und seine barmherzigkeit währt
von geschlecht zu geschlecht

Heute sagen wir das so
die große veränderung die an uns und durch uns geschieht
wird mit allen geschehen – oder sie bleibt aus
barmherzigkeit wird geübt werden wenn die abhängigen
das vertane leben aufgeben können
und lernen selber zu leben

Es steht geschrieben daß maria sagte
er übt macht mit seinem arm und zerstreut die hochmütigen
er stößt die gewaltigen von ihren thronen
und die getretenen richtet er auf

Heute sagen wir das so
wir werden unsere besitzer enteignen und über die
die das weibliche wesen kennen werden wir
zu lachen kriegen
die herrschaft der männchen über die weibchen
wird ein ende nehmen
aus objekten werden subjekte werden
sie gewinnen ihr eigenes besseres recht

Es steht geschrieben daß maria sagte
hungrige hat er mit gutem gefüllt
und die reichen leer hinweggeschickt
er gedenkt der barmherzigkeit und hat sich
israels seines knechts angenommen

Heute sagen wir das so
frauen werden zum mond fahren
und in den parlamenten entscheiden
ihre wünsche nach selbstbestimmung
werden in erfüllung gehen
und die sucht nach herrschaft wird leer bleiben
ihre ängste werden gegenstandslos werden
und die ausbeutung ein ende haben

1974

RG 14–15

Über auferstehung

Sie fragen mich nach der auferstehung
sicher sicher gehört hab ich davon
daß ein mensch dem tod nicht mehr entgegenrast
daß der tod hinter einem sein kann
weil vor einem die liebe ist
daß die angst hinter einem sein kann
die angst verlassen zu bleiben
weil man selber
gehört hab ich davon
so ganz wird daß nichts da ist
das fortgehen könnte für immer

Ach fragt nicht nach der auferstehung
ein märchen aus uralten zeiten
das kommt dir schnell aus dem sinn
ich höre denen zu
die mich austrocknen und kleinmachen
ich richte mich ein
auf die langsame gewöhnung ans totsein
in der geheizten wohnung
den großen stein vor der tür

Ach frag du mich nach der auferstehung
ach hör nicht auf mich zu fragen

1979
FL 21

In dieser nacht

In dieser nacht
verließen die sterne ihre angestammten plätze
und zündeten lärmfeuer an
überschallschnell

In dieser nacht
verließen die hirten ihre arbeitsstellen und
schrieen sich in die verkrusteten ohren
die neuen parolen

In dieser nacht
verließen die füchse die wärmenden höhlen
und der löwe wiegte den kopf
„das ist das ende
die revolution"

In dieser nacht
liefen die rosen der erde davon
und fingen das blühen an
im schnee

1969
MG 29

Argumente für die überwindung der ohnmacht

Wir haben den längeren atem
wir brauchen die bessere zukunft
zu uns gehören leute mit den schlimmeren schmerzen
die opfer des kapitals
bei uns hat schon mal einer brot verteilt
das reichte für alle

Wir haben den längeren atem
wir bauen die menschliche stadt
mit uns sind verbündet die rechtlosen in den anstalten
und die landlosen in den städten
zu uns gehören die toten des zweiten weltkriegs
die endlich zu essen haben wollen gerechtigkeit
bei uns ist schon mal einer aufgestanden
von den toten

1974
RG 23

Johannes 20 vers 13

Manche von uns sind so verzweifelt
daß sie nichts sagen können
daß sie nicht klagen können
sie bleiben stumm
ihr leben lang
  gott bitte hör ihre klage
  wenn sie vor dem geleerten glas sitzen
  sieh ihren schrei in den fahrigen gesten
  gott hör du was sie nicht sagen

Manche von uns sind so verzweifelt
daß sie nicht weinen können
sie habens verlernt
sie bleiben trockenen auges
ihr leben lang
  gott bitte sieh ihre traurigkeit
  vergib ihnen ihre versteinerung
  und sammle die ungeweinten tränen

Manche von uns sind so verzweifelt
daß sie noch nie einen engel gesehen haben
sie leben ohne daß jemand sie fragt
frau warum weinst du
sie glauben dir eine geschichte nur halb
und bleiben allein beim weinen
  gott bitte schick einen engel
  zu fragen warum weinst du
  schicke eine von uns zu fragen warum
  damit wir alle nicht allein bleiben
  vor den gräbern
  wo unsere hoffnungen verscharrt liegen
  und lehr uns klagen
  und lehr uns weinen
  und zeig uns die engel
  die schon am grab auf uns warten

1990
ZU 136

Song auf dem weg nach emmaus

So lange gehen wir schon
weg von der stadt unserer hoffnung
in ein dorf wo es besser sein soll

Haben wir nicht geglaubt
wir könnten die angst überwinden
die angst der alten akkordlerin
krank geschrieben zu werden
die angst des türkischen mädchens
ausgewiesen zu werden
die angst des gejagten kranken
eingewiesen zu werden
für immer

So lange gehen wir schon
in dieselbe die falsche richtung
weg von der stadt unserer hoffnung
in das dorf wo wasser sein soll

Haben wir nicht gedacht
wir wären frei und könnten befreien
all die kaputten typen
das arbeiterkind das sitzenbleibt
und bestraft wird
den jungen auf seinem moped
zur falschen arbeit geschickt
ein leben lang
den mann der taub und stumm ist
im falschen land
zur falschen zeit
stummgemacht durch die arbeit
fürs brot allein
ein leben lang

So lange sind wir gegangen
in dieselbe die falsche richtung
weg von der stadt unserer hoffnung
die dort noch begraben liegt

Dann haben wir einen getroffen
der teilte mit uns sein brot
der zeigte das neue wasser
hier in der stadt unserer hoffnung
ich bin das wasser
du bist das wasser
er ist das wasser
sie ist das wasser

Da kehrten wir um und gingen
in die stadt der begrabenen hoffnung
hinauf nach jerusalem

Der mit dem wasser geht mit
der mit dem brot geht mit
wir werden das wasser finden
wir werden das wasser sein

Ich bin das wasser des lebens
du bist das wasser des lebens
wir sind das wasser des lebens
ihr seid das wasser des lebens
wir werden das wasser finden
wir werden das wasser sein

1974
RG 10

Predigen

Nicht zweimal dieselbe geschichte erzählen
ist eine gute regel
erstens der zuhörer wegen
als wären sie leere tassen
und hätten keinen anteil
zweitens der geschichte wegen
die springen möchte und zickzack rennen
und nicht erwartet sein
drittens auch meinetwegen
ich zerstöre mich selber
wenn ich mich am geländer festhalte
und mir nicht erlaube
anders zu sein

Aus diesen gründen empfiehlt es sich
die älteste geschichte
von gottes liebe zu allem was lebt
nicht den alles repetierenden
schnattergänsen zu überlassen

1981
BR 106

Wie ich höre

Wie ich höre
hat der heilige thomas
drei mittel empfohlen
zur bekämpfung der schwermut
schlafen
baden
und die betrachtung des leidens christi

Wie ich sehe
lauten die ratschläge meiner freunde
gegebenenfalls
mit jemand schlafen
trinken
und die betrachtung des eigenen leidens

Wie ich vermute
empfehlen andere meiner freunde
wenn ich sie fragen könnte
wachbleiben
arbeiten
und die betrachtung der weltkarte
die analphabeten verzeichnet
und unternehmer der rüstung

Diese jedoch
deren rat mir nützlich wäre
als korrektur
wohnen weiter ab
hinter mauern

1969
MG 28

Antwort auf die frage ob das christentum etwas befreiendes für mich habe

Es war immer langweilig in der kirche
hör ich sagen aber
die es mir sagt ist schon lange erstickt

Es hat mich nicht angesprochen
hör ich sagen aber
ich habe keine sprache gehört
als sie den lautsprecher abstellten

Es hat mir immer angst gemacht
hör ich sagen aber
der es mir sagt ist täglich beschäftigt
den overkill zu verbessern

Das evangelium hat mich weinen gelehrt
es hat mir angst gemacht vor den angstlosen
es hat mich angesprochen unter den sprachlosen
es hat mich durstig gemacht unter den gelangweilten

Das ist ein relativer fortschritt

1981
BR 112

Unilateralismus oder die vorleistung gottes

Und warum sind sie so einseitig
werde ich oft gefragt
so blind und so unilateral
da frage ich manchmal zurück
ob der frager ein christ sei
man wird doch noch fragen dürfen

Und erinnere dann gegebenenfalls
wie einseitig gott in christus
ohne garantien abgerüstet hat
wo kämen wir hin
gebe ich zu bedenken
wenn gott mit dir oder mir
die wir doch die meisten abkommen
gern unterlaufen mit tricks
wo kämen wir hin
wenn gott auf gegenseitigkeit bestünde
ehe er etwas täte

Da erinnere ich daran
daß gott nicht in einem tank kam
und nicht in einer bank geboren wurde
und die alten wunderwaffen
die blitze und donner und himmlischen heere
einseitig aufgab
die paläste die könige und die soldaten
waren nicht sein mittel als er
unilateral
anfing ein mensch zu werden
das ist ohne rüstung zu leben

1981
BR 110

Der dritte weg

*Wir sehen immer nur zwei wege
sich ducken oder zurückschlagen
sich kleinkriegen lassen oder
ganz groß herauskommen
getreten werden oder treten*

*Jesus du bist einen anderen weg gegangen
du hast gekämpft aber nicht mit waffen
du hast gelitten aber nicht das unrecht bestätigt
du warst gegen gewalt aber nicht mit gewalt*

*Wir sehen immer nur zwei möglichkeiten
selber ohne luft sein oder anderen die kehle zuhalten
angst haben oder angst machen
geschlagen werden oder schlagen*

*Du hast eine andere möglichkeit versucht
und deine freunde haben sie weiterentwickelt
sie haben sich einsperren lassen
sie haben gehungert
sie haben die spielräume des handelns vergößert*

*Wir gehen immer nur die vorgeschriebene bahn
wir übernehmen die methoden dieser welt
verachtet werden und dann verachten
die andern und schließlich uns selber*

*Laßt uns die neuen wege suchen
wir brauchen mehr phantasie als ein rüstungsspezialist
und mehr gerissenheit als ein waffenhändler
und laßt uns die überraschung benutzen
und die scham die in den menschen versteckt ist*

1990
ZU 137

Sich einmischen: Politik in der Kirche

Dorothee Sölle und Fulbert Steffensky gründen mit Freunden einen ökumenischen Arbeitskreis. 1968 entsteht daraus eine Form der Andacht mit Diskussion: das „Politische Nachtgebet". Sie ist damals wissenschaftliche Mitarbeiterin an der Universität Köln, er lebt noch als Benediktinermönch im Kloster Maria Laach. In der Kölner Antoniterkirche entwickeln sie gemeinsam mit anderen reformorientierten Christen eine Liturgie von unten, eine Form des kollektiven Gebets für Frieden und Gerechtigkeit. Konkreter Anlass: der Vietnamkrieg, in dem die USA im Namen der „Freiheit" Napalm-Bomben auf die Bevölkerung wirft.

Protestieren, nach Zusammenhängen fragen – das war nicht nur ein Impuls in der politischen Studentenbewegung, sondern auch bei vielen Christen. Zum „Politischen Nachtgebet", unterstützt unter anderem von Heinrich Böll, kommen regelmäßig Hunderte von Menschen. Es gibt Hintergrundinformationen mit anschließender Debatte, über Wettrüsten, Apartheid, die Armut der Entwicklungsländer und die eigene Verantwortung. Am Ende steht oft eine kurze Predigt, eine Fürbitte, eine Meditation. Auch innergesellschaftliche Tabus kommen zur Sprache wie das christlich-jüdische Verhältnis, Zölibat und Sexualität, die Gleichwertigkeit von Frauen und Männern, auch in der Theologie.

Dorothee Sölle und Fulbert Steffensky sind für viele ein Vorbild und auch privat ein mutiges Paar: 1969 heiraten sie, nachdem er aus dem Kloster ausgetreten und zum Protestantismus konvertiert ist. Sie hatte sich einige Jahre zuvor von ihrem ersten Mann scheiden lassen und war alleinerziehende Mutter.

Damals waren Haus- und Redeverbote innerhalb der Kirchen für die beiden keine Seltenheit. Sie bekamen die Häme konservativer Bürger und die Ablehnung vieler Kirchenleitungen zu spüren: Das politische Nachtgebet sei „theologisch unmöglich", „reiner Götzendienst". Anonyme Zuschriften wünschten Dorothee Sölle den Fluch des Fegefeuers. Ernst zu nehmende Kritik kam von Anhängern der früheren Bekennenden Kirche: Man dürfe Politik und Kirche nie wieder vermischen.

Doch die Theologin wirbt, im Interesse von Humanität und Gerechtigkeit, ausdrücklich für eine „politische Theologie", so einer ihrer Buchtitel. Dies sei aber keine „richtige Theologie", schallt es ihr entgegen. Einen abgehobenen akademischen Sprachstil bedient sie nicht, die männlich geprägten Netzwerke fehlen ihr, und niemand schlägt sie in Deutschland für einen Lehrstuhl vor. Umso überraschender, dass sie 1975 eine Professur am liberalen Union Theological Seminary in New York antritt. Es ist der Lehrstuhl für systematische Theologie. Dafür eingesetzt hatten sich neben anderen amerikanische Wissenschaftlerinnen, die an einer feministischen Theologie und Friedensethik arbeiteten und die Bücher Sölles kannten. Ihr lebensnaher, gesellschaftlich orientierter Ansatz wurde in der USA eher geschätzt als in Deutschland.

Dorothee Sölle pendelt nun mehrere Monate im Jahr zwischen Hamburg und New York. Fulbert Steffensky, inzwischen Professor für Religionspädagogik in Hamburg, bekommt später ebenfalls einen Ruf in die USA, und die Familie zieht für einige Zeit um.

Für das Paar hat sich der Horizont des Christseins in diesen Jahren weit geöffnet, auch durch internationale Freundschaften. Mit Bürgerrechtlerinnen und Friedensaktivisten in den USA, mit Ernesto Cardenal, dem Poeten, Priester und späteren Kulturminister in Nicaragua, mit Erzbischof Dom Helder Camara in Brasilien. Die christlich-sozialistische „Befreiungstheologie" in den lateinamerikanischen Staaten fasziniert Dorothee Sölle. In der kleinen Inselgemeinschaft von Solentiname etwa scheint der „Gott der kleinen Leute" angekommen. Eine Art urchristliche Gemeinde zwischen Kampf und Kontemplation, Solidarität und Sehnsucht nach einer verheißenen, besseren Welt. Doch ein würdiges Leben ist an vielen Orten der Welt bedroht. Kleine literarische Skizzen erzählen davon.

Die freiheit der kinder

Leicht geraten sie ins gefängnis
illegale einwanderer in den reichen staaten
aus den fenstern im gefängnis von san antonio
sehen sie ihre frauen nachrichten herüberwinken
sie schreien nicht laut genug

Meine freunde stehen den weinenden frauen bei
ihre kleine tochter fragt
kommen sie raus mama
kommen sie heute frei
ich warte hier sagt sie fünfjährig
dann umarme ich sie
ich geh nicht weg
bis sie herauskommen

1990

ZU 141

Ernesto cardenal

Gefragt nach seinem weg
zum dichter zum priester
und zum revolutionär
gab er als erstes an
es sei
liebe zur schönheit gewesen

Diese habe ihn
zur poesie geführt
(und darüber hinaus)
sie habe ihn
zu gott geführt
(und darüber hinaus)
sie habe ihn
zum evangelium geführt
(und darüber hinaus)
sie habe ihn
zum sozialismus geführt
(und darüber hinaus)

Wie schwach muß eine liebe zur schönheit sein
die nichts als schöner wohnen will …

1974
RG 24

Und was haben wir mit der folter zu tun

Ein chilenischer Politiker
zieht in zweifel
ob es richtig sei
die erklärung gegen die folter
zu unterschreiben

Und während er noch erwägt
und in der gepflegten sprache der diplomaten
zu bedenken gibt
schreiben die elektrofoltergeräte
die terrorbotschaft
auf den körper einer jungen frau

Und schreiben zugleich
in die herzen der reichen
das denkverbot
das fühlverbot
das sprechverbot
weil wir hier ja nicht foltern
nur zahlen

1990
ZU 197

Gib mir die gabe der tränen gott
gib mir die gabe der sprache

Führ mich aus dem lügenhaus
wasch meine erziehung ab
befreie mich von meiner mutter tochter
nimm meinen schutzwall ein
schleif meine intelligente burg

Gib mir die gabe der tränen gott
gib mir die gabe der sprache

Reinige mich vom verschweigen
gib mir die wörter den neben mir zu erreichen
erinnere mich an die tränen der kleinen studentin in göttingen
wie kann ich reden wenn ich vergessen habe wie man weint
mach mich naß
versteck mich nicht mehr

Gib mir die gabe der tränen gott
gib mir die gabe der sprache

Zerschlage den hochmut
mach mich einfach
laß mich wasser sein das man trinken kann
wie kann ich reden wenn meine tränen nur für mich sind
nimm mir das private eigentum und den wunsch danach
gib und ich lerne geben

Gib mir die gabe der tränen gott
gib mir die gabe der sprache
gib mir das wasser des lebens

1979

Fl 35

Lob der freundschaft

Freundschaft ist
    wenn du abends ins haus der leute kommst
    und mittelmäßig klavierspielend niemanden
    zum zuhören oder darüberreden bringst

freundschaft ist
    wenn du absolut sicher bist
    daß sie nie nett zu dir sein werden

freundschaft ist
    verfügbar sein und verfügen
    reden können und nicht reden müssen
    fragen können und
    nicht verzweifeln wenn keine antwort kommt

freundschaft ist
    wissen daß du spät in der nacht klingeln kannst
    wenn sie dich suchen werden
    die gestapo der fbi oder der stasi

und was
    tut david ohne jonathan
    und karl marx ohne engels
    und maria ohne elisabeth
    und che guevara ohne fidel
    und jesus ohne johannes
    und dietrich ohne eberhard

1979
FL 26 Auszug

Spiel doch von rosa anna & rosa

Ach erzähl mir nicht von euren identitätskrisen
ach hör auf mit dem psychogeklimper auf der gitarre
spiel doch was anderes
spiel doch vom frieden
spiel von den kämpfenden

Sing mal von anna walentinovic
kranführerin in danzig
sing vom großen streik und warum er ausbrach
vergiß auch die rosa parks nicht
nie sollst du vergessen daß sie für jede von uns
so weiß wir auch seien
sitzengeblieben ist im bus in alabama
auf dem platz der nicht für schwarze bestimmt war
vergiß auch die große schwester rosa luxemburg nicht ...

Ich habe das weinerliche zeug satt
spiel doch von anna und den beiden rosas
spiel von wirklichen menschen
frau stark und verletzbar
sorgend für andere und unabhängig
kämpfend auch für dich am schalter der dresdner bank
für alle schwestern

spiel doch von brot und rosen ...
spiel doch von unsern schwestern
spiel doch von uns

1981
BR 11 Auszug

Ein hochzeitsgedicht

Zwei personen können
nach urteil des bundesgerichtshofs
noch keine kriminelle vereinigung
im sinne des strafgesetzbuches
bilden

Zwei personen können
laut annahmen der bergpredigt
noch keine veränderung
im sinne der gerechtigkeit
schaffen

Zwei personen können
laut erfahrungen mit liebe die ich kenne
sich so vereinigen daß sie
im sinne der uns überkommenen hoffnungen
mehr werden als zwei

Zwei personen können
wenn sie menschen werden miteinander
das strafgesetzbuch widerlegen
und eine kriminelle vereinigung
im sinne des kriminellen von golgatha
bilden

1984
VL 65

Nachts um vier

Komm doch zu mir engel der schlafenden
ich trete die alte mühle der sorgen
meine hände sind ruhelos
die glieder verknotet und ungelöst
meine gedanken klappern das unglück ab

Komm doch zu mir engel der schlafenden
in dieser stunde liegen die gefolterten wach
kühl ihre wunden streck die verrenkten glieder
lieber stummer engel der schlafenden

Meine gedanken sind in den befreiten gebieten
el salvadors die sie jetzt mit napalm behandeln
meine ängste kreisen um mein krankes kind

Engel der schlafenden ich ruf dich seit stunden
leg deine dunkle decke über meine verwachten augen
komm doch zu mir

Und grüß den anderen engel
deinen dunkleren bruder

1984

VL 157

Dom helder camara an der nevada test site

Der alte bischof stand auf der grenzlinie
zwischen zutritt verboten und dem land der freien
und während eine nach der anderen zutrat
zivil und ungehorsam
und die hüter der gesetze darauf warteten
die zweihundert festzunehmen
stand der alte würdenträger aus brasilien
und weinte

Die leute knien nieder
an dieser willkürlichen grenze
zwischen dem falschen leben
und dem frisch getesteten tod
und sangen dabei
zivil und ungehorsam

Und der kleine alte mann aus einer hungersgegend
weinte als sie gefangengenommen wurden
ehe man ihnen handschellen anlegte
küßte er ihre hände
und segnete so
unter tränen und küssen
das zerbrechliche leben
zivil und ungehorsam

1990
ZU 147

Ein gebet für nicaragua

Eine große decke breite aus
über das kleine land der vulkane
daß die bombenflugzeuge es nicht finden können
und die mordbrenner nicht eindringen
und der präsident der vereinigten toten
das kleine land vergißt

Eine große decke breite aus
über das kleine land gerade vier jahre alt
die kinder zur schule gehen können
und auch die älteren frauen wie ich
daß der kaffee geerntet und medizin verteilt
und keiner vergessen wird

Eine große decke breite aus
gehalten von allen die das land lieben
die jungfrau maria hat einen mantel
und der heilige franz ein festkleid
das er seinem reichen vater vor die füße warf
und ho chi minh trug ein bauernhemd wie sandino
aus all diesem stoff ist die decke gewebt

Eine große decke breite aus
aus wünschen die so viel zärtlichkeit atmen
daß sie gebete werden
und lieben ist das tätigkeitswort
das zu gott gehört
so kommt die decke von gott

Eine dunkle decke
ausgebreitet die hoffnung der armen zu schützen
bis die nacht endet
bis endlich die nacht endet

1984

VL 114

Reiseerfahrungen

Krankenhaus in haiphong

Doan ist drei jahre alt
im kopf einen splitter
der guten bombe
die keine gebäude zerstört
nie eine fabrik stillegt
selbst den brücken nichts antut

Doan ist drei jahre alt
in der guten bombe
sind millionen winziger splitter
aufbewahrt für doan
gemacht für sein füßchen
geeignet für leber und lunge

Doan ist drei jahre alt
seine mutter ist fortgegangen
der präsident der vereinigten toten
hat sie eingeladen
zu wohlstand und ewigem frieden
er hat eine gute bombe geschickt

Doan kann noch nicht schreiben
darum schreib ich diesen brief
an die arbeiter in st paul minnesota
ob sie nicht lieber aus plastik
ein schiffchen machen können
statt bomben denn
doan ist erst drei jahre alt

Der frieden

Der frieden muß sich verstecken
im unterstand steht er ein doktor
der splitter sucht in der lunge des kleinkinds
in der höhle sitzt er ein lehrer
der mädchen zeigt wie man bomben entschärft
im bunker hockt er eine mutter
die dem kleinen die brust gibt bei schichtwechsel

Unter der erde wohnt er
nicht auf erden

Der reichtum der armen

Kinder ohne schuh
das hemd schon verwachsen
dem fahrrad fehlen schrauben
sie tragen behutsam
wie man die hostie hält bei uns
das zeichen des lebens
das tintenfaß

1974
RG 28–30

Solentiname

An der landestelle wacht ein junger soldat
das gewehr in der einen hand
schlingt er das tau unseres bootes
langsam mit seiner linken um den pfosten

Zwei hände hat er
die mütter die fischer die kaffeepflückerinnen
brauchen zwei hände
zu arbeiten und zu lieben

Die hand die das gewehr halten muß
beschützt den frieden
die hand die das gewehr halten muß
fehlt uns für den frieden

1984
VL 110

Belén brasilien

Vor sieben jahren wurde ihr sohn erschossen
auf offener straße in belén
er hat landarbeiter und landlose verteidigt
gegen großgrundbesitzer in brasilien
er war anwalt und abgeordneter

Sie kommt jede woche zum gericht
sie fragt wie weit der prozeß sei
ob die auftraggeber des mordes
bald verurteilt werden
der richter erklärt ihr jedes mal
der prozeß brauche seine zeit

Seit sieben jahren erklärt er
der weißhaarigen frau dasselbe
regelmäßig sagt er es braucht zeit
und sie weiß nicht wie lang sie noch zeit hat
nach der gerechtigkeit zu fragen
in belén was bethlehem bedeutet

Auf dem weg der gerechtigkeit
sei leben höre ich
gilt das denn auch
für diese alte frau

2000
LL 56

Der lange marsch

1

Vielleicht haben wir uns das zu einfach gedacht
als wir losgingen damals
auf dem langen marsch durch die wüste
um bessere methoden zu finden füreinander dazusein

O herr haben wir gedacht mach uns zum werkzeug
deines friedens
aber was kam war der lästige streit mit der behörde
die ordnung will und nicht frieden
die tägliche mühsal um nichtigkeiten
und das schreckliche alleingelassenwerden
da wurden die werkzeuge des friedens
zu querulanten und lästigen störern
der schönen einstimmigkeit

2

Viele haben es jetzt schon immer gewußt
daß nichts zu machen ist im rahmen der kirche
wer kann schon jahrelang von manna leben
und keinen sinn sehen in dem was er tut

Viele haben es satt und wünschen sich nach ägypten
wo steuern flossen wie milch und honig
und die kirchen voll waren und die lieder
von allen gekannt fröhlich klangen
...

Wenig hilfe von unten selten verstanden zur seite
und von oben der uralte trick
jede frage zur sache als disziplinarfall zu nehmen
um herrschaft zu sichern und ordnung
und die unanständige sprache des einfachen volkes
fernzuhalten von allen kanzeln

Die wüste durch die wir wandern
voll friedlosigkeit voll angst
voll ohnmacht voll verschleierung

O herr mach uns zum werkzeug deines friedens
werkzeug der konflikte nicht der einstimmigkeit
werkzeug der wahrheit nicht der umschreibenden verhüllung
werkzeug des glücks und nicht der einschläferung

Laßt uns zusehen ob das geht

3

Was brauchen wir für den frieden
wir wollen das jetzt mit dir besprechen gott
wir brauchen viel mehr freunde
um mehr frieden machen zu können
freunde aus verschiedenen klassen auch solche
    ohne thomas mann
freunde aus verschiedenen konfessionen auch solche
    mit rosenkränzen
freunde aus verschiedenen geschlechtern
    auch homos und lesben
freunde mit verschiedenen interessen auch solche
    die wir nicht mögen
freunde die miteinander eine vision teilen
    vom frieden der herstellbar ist
freunde die glauben

Bewahre uns vor dem romantischen irrtum gott
die freundschaft sei ein geschenk und vom himmel
und vor dem konservativen irrtum
sie wachse in langen jahren wie bäume
lehre uns erkennen daß sie arbeit ist
und gebaut wird wie alles was gut ist für uns

Wir brauchen freunde die wissen
daß man nicht alles mit ihnen machen kann
die eine stimme haben und mitbestimmen
die solidarität üben mit dem der gemaßregelt wird
die immer angstloser werden
und so den frieden verbreiten
…

5

Erinnert euch auch der freunde von nebenan
in wanne-eickel rheinhausen oder
was euch jetzt einfällt
viele haben neues versucht
mit feiern mit singen mit essen
laßt uns das neue wiederholen
unsere sache hat eine tradition
wir müssen nicht immer kämpfen und betteln
sie hat einen längeren atem als die bürokratien

Wir brauchen freunde
vielleicht haben wir sie schon
viele menschen lassen sich verlocken zum frieden
mehr als wir denken und sehen
laßt uns dem alten ruf folgen
und menschen fischen

1974
RG 17–21 Auszug

Transzendenz

Und was fragen sie mich immer wieder
ist diese transzendenz von der sie da reden
und wann frage ich gern zurück
haben sie denn zuletzt gewartet
auf etwas das mehr ist als menschen kaputtkriegen können
und wer frage ich gern zurück
hat denn die frage nötig außer denen die keine luft kriegen
und wohin fragen sie mich immer wieder
wollen sie eigentlich wenn es schon vor dem tode sein soll
und wieso frage ich gern zurück
können sie sich das nicht einmal mehr vorstellen das leben

Und was frage ich sie immer wieder
ist diese apartheid deren sie sich erfreuen
und wann fragen sie gern zurück
ist es denn je anders gewesen
und wer fragen sie gern zurück
würde es denn nicht so machen
wenn er nur könnte in afrika und in der ganzen welt
und was frage ich sie immer wieder
wollen sie denn mit der transzendenz in der freizeit
wenn den ganzen tag nur
das afrikaans der unterdrücker ertönt
und was fragen sie gern zurück
hat es denn mit uns zu tun außer ökonomisch

Und wann frag ich mich ist denn klar genug geworden
daß es da keine dritten wege gibt
zwischen apartheid und transzendenz

1979
FL 29

Emanzipation der frauen

Wir wollen nicht
so werden wie die männer
in unserer gesellschaft
verkrüppelte wesen
unter dem leistungsdruck
emotional verarmt
zu bürokraten versachlicht
zu spezialisten verzweckt
zum karrieremachen verdammt

Wir wollen nicht
die sexuellen rechte und
die sexuelle verblödung der männer
genitale leistung
in quantitäten gemessen
sex als ware
verlangt gekauft
bezahlt und vorgezeigt

Wir wollen nicht
die von männern erdachte
und beherrschte kleine familie
die nur für sich selber da ist
die menschen entpolitisiert
frauen infantilisiert
jugendliche neurotisiert

Wir wollen nicht
versorgt verschönert beschützt werden
die kinder füttern abrichten anpassen
die männer bemuttern und regenerieren

Wir wollen nicht
lernen was die männer können
herrschen und kommandieren
bedient werden und erobern jagen erbeuten unterwerfen

1974
RG 16

Frauenprobleme

Der schmerz den du mir antust
richtet sich häuslich ein
iß doch was sagt er mir
und ich stopfe gehorsam
nur noch für zwecke bewege ich mich
nichts bewegt sich in mir

Der kummer unsretwegen
langsam wie griesbrei dickt er
das manuskript auf dem schreibtisch
bleibt ungeschrieben es fällt mir nur ein
was ich einkaufen will keine musik
hab ich gemacht seit tagen

Und langsam werd ich das dicke kind meiner klasse
gelähmt an allen gliedern rechne ich aus
wieviele stunden du fort bist
schon wieder sagt das gespenst iß doch was
altwerden ist unvermeidlich
und verlassen sagt es werden alle frauen

Bis es mir reicht und ich mich wehre
alte frau sag ich mir
lüg dir nichts in die tasche
hör auf die habsucht kummer zu nennen
sag nicht schmerz zum selbstmitleid
ein gespenst der bourgeoisie ist die eifersucht
fett und mächtig und blind wie sie

Dickes kind du bist häßlich hau ab
dünnes kind mit dem springseil komm wieder
sei leicht und weine wie früher
später wirst du mir zeigen
daß ich nicht klebrig sein muß
um in der liebe zu bleiben

1981
BR 61

„Bei mir biste schejn“

Bei dir bin ich klein
erstmal die schuhe aus mit den absätzen
und warum soll ich autofahren
und vorgeben ich verstünd was vom fahrradflicken

Bei dir bin ich immer viel kleiner
wär ich aus wolle ich würde mich knäueln
nichts als unsinn wächst mir aus mund und händen
formulare füll ich nur halb aus
in sitzungen schreib ich dir briefe

Essen brauch ich viel weniger klar
ich leb ja vom glück
das dumme knabbern verliert sich
und weil ich klein bin
kann ich viel höher springen

Bei dir bin ich klein
und verschmähe was ich gelernt habe
in dreißig jahren
bei dir
kann ich wachsen

1981

BR 49

Die alte tante panik

Da ist mir doch vor drei tagen
die alte tante die panik wieder ins haus gekommen
jetzt muß ich schon mit ihr frühstücken
stillsitzen und zuhören wie sie sich wiederholt

Alle papiere auf meinem schreibtisch
wirft sie mir durcheinander
ich finde nichts und weiß kaum
wie wahr es ist daß wir
nichts gegen den overkill finden

Schon hab ich vergessen
klopfenden herzens auf deine briefe zu warten
traumlos komme ich auf den hund und erledige
alles was sein muß und immer zu wenig

Die farben des himmels stellt sie mir zu
und die bibel nimmt sie mir weg
die kennst du doch schon sagt sie
als ginge es um eheliche pflichten
lies die wehrexperten sagt sie
du kannst eh nicht mitreden über sicherheit

Will ich doch gar nicht sag ich
wenn sie mal eingenickt ist
wenn ich allein bleib paß auf
zieht sie für immer hier zu
und liefert mich ihnen aus
und sichert mich für den rest meines lebens
und rüstet und rüstet und rüstet

1981

BR 18

Ein gebet nach dem ersten johannesbrief 3 vers 2

Und ist noch nicht erschienen was wir sein werden
o gott der du auftust und offenbar machst
wann wird es so weit sein
wann werden wir sichtbar
wann wird die wahrheit an uns sichtbar
wann wird man an unsern städten sehen
hier wohnen die söhne und töchter gottes
die schwarze nicht von weißen apart halten
und türken nicht von deutschen separieren
und frauen nicht von der wahrheitsfindung ausschließen
wann werden wir sichtbar gott
als deine töchter und söhne

Und ist noch nicht erschienen was wir sein werden
o gott die du leben hervorbringst und lachen
wann wird es so weit sein
wann werden wir offenbar
wann wird die wahrheit uns sichtbar
wann wird man an unserm fernsehprogramm erkennen
hier wohnen die freunde gottes
sie schrecken niemanden ab sie laden ein
sie spielen handball mit denen
die sie früher feinde nannten
und trauen ihnen die deine kinder sind wie wir
wann werden wir sichtbar gott
als deine töchter und söhne

Und ist noch nicht erschienen was wir sein werden
o gott die du uns besser kennst als wir uns selber kennen
wann müssen wir unser gesicht nicht mehr verstecken
vor den verhungernden
wann werden wir sichtbar
wann wird die wahrheit durch uns hindurchleuchten
wann wird man an unsern handelsbeziehungen sehen
hier wohnen die neuen menschen die schwesterlichen
wann wird die sonne der gerechtigkeit über uns aufgehen
und die ausplünderungsnacht zu ende gehen
wann werden wir sichtbar gott
söhne und töchter in deinem reich

Und ist noch nicht erschienen was wir sein werden
o gott der du alles geschaffen hast
wann wird es so weit sein
daß wir es sehr gut nennen wie du
wann werden wir sichtbar
wann wird die wahrheit scheinen
wann wird man an unsern gärten und feldern sehen
hier wohnen die sanften kinder der erde
die das vergewaltigen nicht gelernt haben
und das plündern verlernten
hier wohnen kleine menschen
die die türme nicht in den himmel bauen
und die tiere nicht zu tode testen

Gott du freundin der menschen freund der erde
komm bald
maranatha beeil dich
mach uns sichtbar
töchter und söhne
in deinem reich

1990

ZU 108

In der Arbeit für den Frieden, da gibt es ja Situationen der absoluten Verzweiflung. Jeder Mensch kennt die Fakten, ich weiß, das ist alles bekannt, das ist seit 30 Jahren diskutiert, und es geht immer weiter, wird immer schlimmer. Und es verhungern immer mehr Menschen, die Überfressenheit nimmt immer mehr zu und so weiter. Und in dieser Depressivität weiterzuleben, dazu brauch ich so eine Vergewisserung, daß ich eins bin mit der Schöpfung, mit der Natur, mit dem, wie das Leben wirklich sein sollte, wenn es also nicht kaputtgemacht wird ständig.

Dorothee Sölle
in einem Radiointerview mit Wolfgang Fietkau, 1981

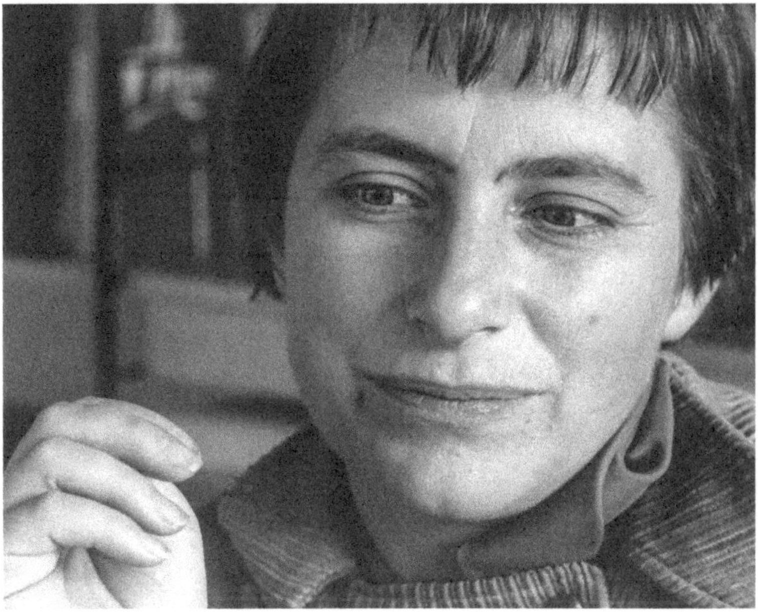

Die Kraft der Mystik

Dorothee Sölle sieht eine enge Verbindung von Innerlichkeit und Verantwortung, von „Mystik und Widerstand". In ihrem gleichlautenden Buch erforscht sie die mittelalterliche Mystik und ihre führenden Gestalten, etwa Hildegard von Bingen oder Juan de la Cruz, Johannes vom Kreuz. Aber auch die mystischen Aspekte anderer Religionen faszinieren sie, etwa die Lichtmetaphorik im Judentum. In der Zersplitterung des Lebens sucht sie die Erfahrung der Einheit, erlebt eine besondere Spiritualität unter Frauen. Sie meditiert mit dem buddhistischen Mönch Tich Nhat Hanh, auch die islamische Mystik ist ihr als eine andere Glaubensfarbe nicht fremd. Lieder sind ihre Verbündeten, die Zwischentöne bedeutsam. Die Natur, vor allem Bäume geben ihr Kraft, werden zum Symbol der Hoffnung und Standhaftigkeit. Leise, aber unüberhörbar erzählen sie vom Geheimnis des Lebens. Zart sind auch die Gedichte der Autorin über Gottes Schöpfung und den Wunsch, in ihr aufgehoben zu sein.

Vom baum lernen

der jeden tag neu
sommers und winters
nichts erklärt
niemanden überzeugt
nichts herstellt

Einmal werden die bäume die lehrer sein
das wasser wird trinkbar
und das lob so leise
wie der wind an einem septembermorgen

1979
FL 4

Weisheit der indianer

Jeden tag
die erde mit den füßen berühren
am feuer sich wärmen
ins wasser fallen
und von der luft gestreichelt sein

Wissen ein tag ohne die vier
Schwester wasser und bruder feuer
mutter erde und vater himmel
ist ein verrotteter tag

Ein tag im krieg
den wir gegen alles
führen

1981
BR 6

Ich bin nicht allein

An einem strahlenden tag im november
besprech ich alles mit meinem baum
der wind hat ihm die krone geplündert
halb hängt er noch
voll rost und gold

Der wind wird dir die schätze nehmen
sag ich ihm und er lächelt wippend
weißt du ich lebe unter räubern
sie haben mich eingesperrt unter ihrem beton
ihre panzer walzen die kleinen bäume platt
klag ich ihm und er
auf dreierlei blättern spielend raunt
kommt winter kommt früher
kommt gift kommt sonne
kommt wasser kommt liebe

Meinst du gott kommt wieder hier vorbei
frag ich ihn absichtsvoll
er lächelt wippend
halb hängt er noch
voll rost und gold

1990
ZU 27

Ich dein baum

Nicht du sollst meine Probleme lösen
sondern ich deine gott der asylanten
nicht du sollst die hungrigen sattmachen
sondern ich soll deine kinder behüten
vor dem terror der banken und militärs
nicht du sollst den flüchtlingen raum geben
sondern ich soll dich aufnehmen
schlecht versteckter gott der elenden

Du hast mich geträumt gott
wie ich den aufrechten gang übe
und niederknien lerne
schöner als ich jetzt bin
glücklicher als ich mich traue
freier als bei uns erlaubt

Hör nicht auf mich zu träumen gott
ich will nicht aufhören mich zu erinnern
daß ich dein baum bin
gepflanzt an den wasserbächen
des lebens

2000
LL 12

Breathe on me breath of god
Nach edwin hatch 1886

Atem gottes hauch mich an
füll du mich wieder mit leben
daß ich was du liebst lieben kann
und rette was du gegeben

Atem gottes weh mich an
bis mein herz dir offen
bis ich was du willst wollen kann
im handeln und im hoffen

Atem gottes blas mich an
bis ich ganz dein werde
bis dein feuer in mir brennt
auf der dunklen erde

Atem des lebens atme in mir
lehr mich die luft zu teilen
wie das wasser wie das brot
komm die erde zu heilen

2000
LL 26

Du sagst mir

was dich an mir erschreckt
daß ich manchmal aus der welt falle vor angst
du siehst was niemand gesehen hat
daß ich verloren gehn kann
ohne zureichenden grund wie du betonst
du gehst mit mir in die dunkle nacht
des juan de la cruz
auch wenn du den kopf über mystik schüttelst

Das herz schüttelst du nie
und widerlegst den mythos der einsamkeit
jede nacht mit deiner umarmung

Jeden morgen sagst du mir
in allerlei unerforschten sprachen
daß ich nicht verloren gehe
ist es da ein wunder daß ich
mich manchmal ganz lang strecke
und wenn ich am allerlängsten bin
sage liebe sonne schein nur zu

1981
BR 65

Eine störung

Während ich langsam lese
was auf dem achtteiligen pfad des buddha
die bare aufmerksamkeit
für mich werden könnte
springt doch der fleckige köter
der mir gestern die pfoten gleich auf die schultern schlug
übermütig ins zimmer

Während ich ohne erleuchtung suche
die bare aufmerksamkeit
die verspricht alle dinge neu zu machen
weil wir sie sehen werden wie zum ersten mal
legt sich der springende hund
vor dem ich gestern angst bekam
unter den schreibtisch

Während ich nicht einmal weiß
was ich denn brauche
auf dem achtteiligen pfad der erleuchtung
der ohne die bare aufmerksamkeit nicht erreicht wird
fängt ein mitgeschöpf an
meine eiskalten füße
zu wärmen

Der buddha lehrt nicht er kommt
der buddha kommt nicht er ist schon da
er ist nicht schon da er ist

1984
VL 164

Eine blume namens jakobsleiter

Ich hab mir die engel immer riesig vorgestellt
so daß ein flügel mich ganz verstecken könnte
heute erst seh ich
klein sind die sprossen der leiter
zwischen blau und gold
und ich steige auf und ab
und werde nicht müde
die farben tönen zu hören

2000
LL 32

Deine leuchtende stimme

Gott laß uns jeden tag dein licht erblicken
laß uns nicht weglaufen vor deinem licht
und nur den verkehr das büro und das fernsehen sehen
gib uns augen für dein licht am morgen
für dein licht im november
für dein licht in den augen einer katze

Gott laß uns jeden tag dein licht anschauen
laß uns nicht deine welt benutzen
wie touristen eine landschaft als fotoobjekt
wie schnellfahrer eine autobahn
wie männer oft eine frau benutzen
lehr uns dich in allen dingen zu lieben
auch in denen die wir nicht benutzen können

Gott laß uns jeden tag auch heute dein licht sehen
laß uns nicht uns selber verzwecken
und nur das notwendige das ernste tun
spiel mit uns gott und laß uns mit dir spielen
wie der wind auf dem wasser spielt im licht
wie das staunen und die neugier
auf dem gesicht des neunjährigen spielen
zusammengekehrt vom wind
gott laß uns jeden tag auch heute dein licht sehen
in einer kleinen pfütze am weg

Gott laß uns jeden tag deine stimme hören
wie sie uns ruft es werde
komm heraus aus der arche
nimm dein bett und geh
siehe ich stehe vor der tür
laß uns keinen tag in unserem Leben
nur trivial funktionieren
keinen tag in unserem leben sein
ohne deine leuchtende stimme
ohne dein drängendes licht

2000
LL 108

Credo für die erde

Ich glaube an gottes gute schöpfung die erde
sie ist heilig
gestern heute und morgen

Taste sie nicht an
sie gehört nicht dir
und keinem konzern
wir besitzen sie nicht wie ein ding
das man kauft benutzt und wegwirft
sie gehört einem anderen

Was könnten wir von gott wissen
ohne sie unsere mutter
wie könnten wir von gott reden
ohne die blumen die gott loben
ohne den wind und das wasser
die im rauschen von ihm erzählen
wie könnten wir gott lieben
ohne von unserer mutter
das hüten zu lernen und das bewahren

Ich glaube an gottes gute schöpfung die erde
sie ist für alle da nicht nur für die reichen
sie ist heilig
jedes einzelne blatt
das meer und das land
das licht und die finsternis
das geborenwerden und das sterben
alle singen das lied der erde

Laßt uns nicht einen tag leben und sie vergessen
wir wollen ihren rhythmus bewahren
und ihr glück leuchten lassen
sie beschützen vor habsucht und herrschsucht
weil sie heilig ist
lernen wir das heilen

Ich glaube an gottes gute schöpfung die erde
sie ist heilig
gestern heute und morgen

2000

LL 43

Weihnachtsgebet

Laß dein licht leuchten
allen einsamen der welt
allen alleingelassenen und hinterbliebenen
allen jungen menschen die sich nicht zuhause fühlen
und allen verlassenen frauen
laß uns nicht an ihnen vorbeisehen
sondern dein licht des trostes verbreiten
laß die einsamen wissen
daß keiner allein ist
nicht im schmerz
nicht in der depression
nicht in der niederlage um der gerechtigkeit willen
laß uns alle dein licht sehen
damit wir selber licht werden
mach uns stark in deinem licht
der gewaltfreiheit
des gedächtnisses
der solidarität

1984
VL 158/159 Auszug

Über das singen

Ein lied hören
die melodie summen
worte behalten
die pausen brauchen
den refrain kennen

Sich wegtragen lassen
verlieren und wiederfinden
eine alte bekannte auf der straße
wir haben uns vor zwei jahren kennengelernt
zu einem lied sagen

Ein lied hören
die melodie summen
die worte kommen
ich hole sie nicht
ein lied werden

1981
BR 85

Die fehlenden akkorde im gesangbuch

Die fehlenden akkorde
verstummte melodie
der unentdeckten töne
ach vergiß sie nie

Die wunder aus alten zeiten
geschichten frei und heiter
vor thronen und atomen
erzähl sie treulich weiter

Die ungespielten wirbel
der tageströumerei
angst nie gelebt zu haben
sie tönen mit dabei

Wir werden noch lachen und summen
als wären wir nie allein
als blieben die fichten am leben
als fiele gott singend ein

2000
LL 86

Ein liebesbrief
für giora feidman den klezmerspieler

Einer tappt langsam den dunklen gang hinunter
den zauberstab hebt er als müßt er fragen
bin ich schon angekommen ist es zu früh
und spielt die menschen vergessen das atmen
wenn ein ton hinfiele er müßt ja
gott behüte zerklirren

In dem ungeschriebenen brief
sag ich dem klezmer
geh nicht zurück ins dunkel

Es funkelt die klarinette im licht
und er eben noch dreitausend jahre alt
wächst und wird jünger die freunde
beschützen ihn vor dem stimmlosen könig
und den stadtneurotikern hier in hamburg

In dem ungeschriebenen brief
sag ich dem david
spiel weiter sie werfen sonst steine

Er hebt die hilflosen arme wirft küsse umher
hinter den musikanten seh ich den schatten wachsen
in shwarer[3] uniform den meister aus deutschland

In dem ungeschriebenen brief
sag ich dem giora
schpilmer sie kommen sonst wieder

Zwei oder drei töne mir zu leise
fallengelassen und fortgeweht
wem gehören sie schon

In der ungeschriebenen antwort
sagt mir der spielmann
nichts geht verloren
einer hört alle töne

2000

LL 83

Jemandem sein glück glauben

Jemandem sein glück glauben
ist schwerer als
jemandem die trauer abnehmen

Wir schwimmen im see
die bergkette spiegelt sich
plötzlich schnellst du dich vorwärts
ich sehe nur tropfenfäden
du hast dich in sonne und wasser und bewegung aufgelöst
vor begeisterung verschlucke ich mich
und versuche nachzukommen

Über das glück miteinander sprechen
ist noch schwerer
weil wir einander kaum trauen können
es kommt mir vor
wie die sache mit den heiligenscheinen
wer weiß wie sie zustande kommen
wieso leute so etwas gesehen haben müssen
welche freude dazu geführt haben muß
jemanden leuchten zu sehen

1979
FL 25

Das dritte gebot sagt mir

Du sollst dich selbst unterbrechen
zwischen arbeiten und konsumieren
soll stille sein und freude
zwischen aufräumen und vorbereiten
sollst du es in dir singen hören
gottes altes lied von den sechs tagen
und dem einen der anders ist

Zwischen wegschaffen und vorplanen
sollst du dich erinnern
an diesen ersten morgen
deinen und aller anfang
als die sonne aufging
ohne zweck
und du nicht berechnet wurdest
in der zeit die niemandem gehört
außer dem ewigen

1979
Meditation zu den Zehn Geboten, Auszug

Wo wir wohnen

Unser gefängnis ist mit dem teuersten
design tapeziert
unsere wächter betreuen uns
mit immer neuen programmen
wir werden gut unterhalten
mach uns leer christus
für die andere freiheit

Hilf uns heraus freund aller geschöpfe
an unserm haben stirbt das sein der anderen
am luxus hängt vergiften und ersticken
an unsrer art zu leben klebt gewalt

Mach uns frei menschenfreund
von allen falschen wünschen mach uns ledig
vom schneller mehr und öfter trenne uns
und vom besitz der uns besetzt hat
reiß uns los

Laß uns fortgehen mit dir
hilf uns heraus
mach uns leer
daß gott uns füllen kann

2000
LL 85

Konzentrationsübung

Wenn ich ganz still bin
kann ich von meinem bett aus
das meer rauschen hören
es genügt aber nicht ganz still zu sein
ich muß auch meine gedanken vom land abziehen

Es genügt nicht die gedanken vom festland abzuziehen
ich muß auch das atmen dem meer anpassen
weil ich beim einatmen weniger höre

Es genügt nicht den atem dem meer anzupassen
ich muß auch händen und füßen die ungeduld nehmen

Es genügt nicht hände und füße zu besänftigen
ich muß auch die bilder von mir weggeben

Es genügt nicht die bilder wegzugeben
ich muß auch das müssen lassen

Es genügt nicht das müssen zu lassen
solange ich das ich nicht verlasse

Es genügt nicht das ich zu lassen
ich lerne das fallen

Es genügt nicht zu fallen
aber während ich falle
und mir entsinke
höre ich auf das meer zu suchen
weil das meer nun
von der küste heraufgekommen
in mein zimmer getreten
um mich ist

Wenn ich ganz still bin

1974

 RG 8

Lesen

Eine afrikanische frau
auf einer konferenz befragt
warum sie denn immer die bibel läse
es gäbe doch so viele bücher
sie könne doch nun lesen und schreiben
gab in die enge getrieben
schließlich die antwort
ich lese doch gar nicht
das buch liest mich

1984
VL 117

Leichtigkeit des seins

Mir träumte von einem großen saal
spärlich besucht wir gingen hindurch
vorn war es dunkel
ich tat einen schritt ins leere
hinter mir hörte ich schreien
halt
nicht doch hier aber
ich fiel schon ins schwarze leere
stürzte ins noch kältere
da hob ich die arme
versuchte zu fliegen
wie ich als kind geflogen bin
ich konnte mich halten
schwamm in der luft
zwei männer wiegten die köpfe
und sprachen
das ist transzendenz
lachend
wachte ich auf

1990
ZU 30

Ein gegenpsalm zu psalm 104

Licht ist dein kleid das du anhast
aber ich sehe ein anderes licht
heller als tausend sonnen
verstrahlt es alles
was unter ihm lebt

Du breitest den himmel aus wie einen teppich
aber ich sehe den himmel
der hautkrebs macht
weil seine schutzschicht zerrissen ist

Du hast das erdreich gegründet
auf festen boden
daß es bleibe
aber ich sehe das meer sich ausdehnen
durch erwärmung
und die stadt verschlingen
in der ich lebe

Du hast eine grenze gesetzt
darüber kommen sie nicht
aber ich sehe eine macht
die keine grenzen respektiert
die den samen der toten einfriert
und den armen die nieren abhandelt
und ihre kinder verschleppt
weil sie lebende herzen haben
die sich verkaufen lassen

Deine werke sind groß und viele
du hast sie alle weise geordnet
ich möchte in deiner ordnung leben
aber um mich entsteht
eine zweite schöpfung
dauerhafter und praktischer als deine
getragen vom willen zur macht
und ohne jedes spiel

Gott sag mir wo ich hinsoll
vor ihren ausweisen und kontrollen
ihren bildschirmen und befehlen
ihren süchten und ängsten

Ich freue mich deiner und der alten erde
ich will für dich singen mein leben lang
ohne apparate will ich dich loben
deinem licht will ich glauben
in dich will ich fallen
schein doch gott

Licht ist dein kleid das du anhast
freu dich deiner werke
freu dich auch in mir

2000
LL 41

Christentum setzt eigentlich voraus, daß alle Menschen Dichter sind, nämlich beten können. Das ist dasselbe, mit den Augen Gottes gesehen.
Die Religion war früher eine Sprache, die alle verstanden. Liebe deine Feinde, das ist absolut verständlich. Wenn man sie heute sagt, muß man sie so genau übersetzen, daß ihre Klarheit oder ihre Schärfe wieder hervortritt. … Und das läßt sich im Gedicht, im Gebet – Gebet und Gedicht werden dann eigentlich eins – am besten tun.

Dorothee Sölle
in einem Fernsehinterview mit Wolfgang Fietkau, 1981

Poesie als Gebet

„Es war im Dezember 1961, als mich ein Artikel zum ersten Mal auf eine Verfasserin namens Dorothee Sölle aufmerksam machte", notierte der Verleger ihrer Gedichte, Wolfgang Fietkau. Der Artikel erschien in einer Zeitung und war eine Advents-Meditation zum Choral „Und kommt ein Schiff geladen". Die Autorin verband das christliche Motiv mit dem Brecht-Song der Seeräuberjenny und einem Schlager von Nana Mouskouri. Und fragte: „Wann kommt Ihr Schiff? Haben Sie sich schon eins ausgesucht? Und wohin fährt es denn?"

Die Mischung aus Brecht, Schlager, Bibel und Alltagssehnsucht faszinierte ihn – und entsprach zugleich einer literarischen Strömung, die Glaube und Kunst, Gebet und Lyrik eng verbunden sah. Spielerisch wurde im „Almanach für Literatur und Theologie" seit 1967 das Verhältnis beider Sprachwelten ausgelotet – auch viele nicht christliche Schriftsteller beteiligten sich. Dorothee Sölle und Wolfgang Fietkau saßen im Herausgeberkreis der ersten Bände.

Der Begriff „Theopoesie" wurde zur neuen Losung. Die überkommene Kirchensprache schien nicht mehr geeignet, Visionen weiterzutragen, Menschen zu erreichen. Ebenso wenig der akademische Ton in der Theologie.

1971 veröffentlichte Dorothee Sölle ihre Habilitationsschrift über das Verhältnis von Literatur und Theologie. Der Titel: „Realisation. Studien zum Verhältnis von Theologie und Dichtung nach der Aufklärung". Darin heißt es:

„Es wird dem Dichter unterstellt, daß er den Ernst, die Radikalität, die Wahrhaftigkeit des Absoluten teile, nicht als ein gegenständliches Wissen von Gott, wohl aber als ein bestimmtes, die je gegebene Wirklichkeit transzendierendes Fragen des Menschen."

Fragen, Suchen statt Wissen und Festschreiben: Diese existenzielle Haltung sei dem Gebet und der Poesie eigen. Das Erhabene ahnen, es umkreisen, auf seine Berührung hoffen. In ihrer Habilitationsschrift stellt Dorothee Sölle die Annäherung von Theologie und Poesie in eine jahrhundertealte Tradition. Sie formuliert einen gemeinsamen Nenner: Religio und Poesia handelten „von dem, was uns unbedingt angeht". Eine Art Gleichberechtigung – im Wesentlichen. Das visionäre Verlangen der Menschen brauche eine besondere Sprache, befreit von Floskeln, alltagsnah und doch aus einer anderen Dimension. So gebe die Poesie dem Glauben ebenso Raum wie dem Politischen und dem Privaten.

Als Dorothee Sölle zwischen 1975 und 1987 in zwei Welten lebt, als Professorin zwischen Hamburg und New York hin- und herreist, wird das Gedichteschreiben auch zu einem Lebenselixier. Es kann der Sehnsucht Ausdruck verleihen, nach dem Partner, der Familie, den Freunden. Das Gedicht kann ein Bote sein, wie eine Brieftaube, Gefühle überbringen, Erkenntnisse. Das „Fliegen lernen" wird in dieser Zeit notwendig, konkret und symbolisch, um die Verbindung zu halten zum Himmel, zur Erde, zu den Liebsten, zu sich selbst.

Fliegen am abend

Wie durch einen türspalt
blickt die sonne
beim ertrinken im wolkenwatt
die endlose fläche
aus bäuschen und kuhlen
dunkelt sich zu

Meine großmutter
hat sie nicht sehen können
die auslöschende sonne
über den wolken

Ich darf sie anschauen
aber es stillt nicht den alten wunsch
selber zu fliegen
bis in die sonne
die jetzt verloschen
mich morgen braucht
heller zu scheinen

1984
VL 161

Abschreckung

Ich habe seit vielen tagen kein gedicht geschrieben
das kommt weil ich nichts zu hoffen habe
das kommt weil die plätze für raketen schon planiert werden
die ausrottung der bäume schneller vorangeht
das kommt weil wir immer noch zu wenige sind

Ich habe seit vielen tagen kein gedicht geschrieben
das führt zu einer abwesenheit vom eigenen leben
das führt zu einem sich nicht mehr
verständlich machen wollen
das führt zu einem sich totstellen
das führt zu einem leben unter dem terror
ohne gott

1984

VL 17

Ohne zu lügen

Schaffe in mir gott ein neues herz
das alte gehorcht der gewohnheit
schaff in mir neue augen
die alten sind behext vom erfolg
schaff mir neue ohren
die alten registrieren nur unglück
und eine neue liebe zu bäumen
statt der voller trauer
eine neue zunge gib mir
statt der von der angst geknebelten
eine neue sprache gib mir
statt der gewaltverseuchten
die ich gut beherrsche
mein herz erstickt an der ohnmacht
aller die deine fremdlinge lieben
schaffe in mir gott ein neues herz

Und gib mir einen neuen geist
daß ich dich loben kann
ohne zu lügen
mit tränen in den augen
wenns denn sein muß
aber ohne zu lügen

2000
LL 15

Die himmelsleiter im central park

Auf der parkbank zwei jungen der ältere spricht
es ist ihm wichtig er beugt sich nach vorn
er bewegt den rechten arm
ich kann an seinem körper sehen
er will den anderen gewinnen
der kleine schaut in die büsche
sein kinderblick streift mich
mit dem großen im park zu sein
macht ihn stolz

Gott suchen bedeutet nach einem rabbinischen spruch
auf einer leiter zu sein
und die nächst höhere sprosse zu sehen
die leiter verbindet
lernen und lehren
es ist eine art zu atmen
ohne die wir nicht sein können
jeder ein lehrer
jeder ein lerner
leben wir auf der leiter

1984
VL 136

Beim fliegen

Wir halten die sonne an
seit einer stunde liegt ein streif
regenbogen am horizont aber begradigt
diese erfahrungen mit dem fliegen
die bleibende siebenfarbige gerade
und das bleibende lächeln der stewardessen
das versprechen an noah nicht mehr
will ich ersäufen das land und die tiere
und was ist mit dem sanften lächeln der frauen
die sich an delta airlines verkaufen

Nicht mehr will ich sagte gott
nie mehr will ich sag ich ihm
vergessen deine farben
deinen bogen jetzt röter und
vor uns verlöschend
und nicht vergessen die frauen
die ihre hände verkaufen die füße
das freundlichsein
eilen wir in das auberginendunkel vor uns
das schweigen der großmütter
wenn die zum brunnen gingen langsam
die würde ja oder nein zu sagen
weiterzugehen oder stehenzubleiben
die tiefroten strahlen der sonne
streifen das gesicht einer immer noch
alterslos lächelnden jungen frau
schmerzlos ahnungslos
begradigt

1984
FL 36

Magnolien am broadway

Ich hätte dir gern die magnolien am broadway gezeigt
und wär mit dir zu dem alten juwelier an der 123sten gegangen
der mein armband reparieren will aus sympathie
spreche ich nicht deutsch
im central park sind selbst tulpen liebenswürdig

Was schön ist lebt schnell hier
vielleicht haben wir nicht mal zeit
für den kurzen new yorker frühling
wenn wir den flüchtlingen zuhören
die ihre geschichten loswerden müssen
und ihre angst nicht loswerden

Die studenten haben mir ein kreuz geschenkt
einer der in chile ermordet worden ist
hat es getragen
jetzt ist es für eine weile
bei mir

Ich hätte dir gern die magnolien blühen gezeigt
mitten auf der fahrbahn
und wär mit dir zu freunden gegangen
die mit den flüchtlingen leben für eine weile

Ich glaub immer weniger an das glück
das zweien ganz für sich gehört
und immer mehr an das kurze geteilte
in das die geschichten fallen aus kellern und lagern
die magnolienblüten auf die fahrbahn

1979
FL 17

Im lande reagans

Was willst du im lande reagans
fragen meine freunde in deutschland
du hast da nichts zu suchen
aber es ist doch nicht wahr
daß die geschichte den siegern gehört

Was willst du in dem marmorpalast
aus rockefellermilliarden
den sie eine kirche nennen
aber es ist doch nicht wahr
daß die bibel den militaristen gehört

Was willst du mitten im kriege
der reichen gegen die armen
auf der seite der mächtigen
aber es ist doch nicht wahr
daß die besetzten länder
den besetzern gehören

Die Wahrheit ist meine freunde
daß die füchse höhlen haben
und die vögel sich nester bauen
und er keinen platz hatte
sich schlafen zu legen
nur ein paar freunde
derentwegen er dablieb

1981
BR 23

Alte uni hörsaal b

In der vorlesung geb ich mir mühe
das glück zu erklären
von rechts und links
von oben und unten
von ost und west
kreis ich es ein
baue gatter und zäune
daß es mir ja nicht entwischt

Während das glück in der mitte des krals
dem mohammed heilig
schnurrt und schnurrt
alle reden vom unglück
ich mag nicht mehr
ich sitze mit dir im bauch der heiligen katze versteckt
und nur der wunsch zu verteilen was da ist
bringt mich wieder zum gatter

Schweigen wär besser
alle wörter sind löchrig
nur angesichts der herrschenden hungersnot
kriech ich heraus und geh los
die neue sprache zu finden
ach es tut weh um jeden
der nur das unglück erklärt
wissenschaftlich
ach es tut weh um jede
die nichts lernt als das

1981
BR 87

Sieben wünsche für eine konfirmandin
anläßlich der befestigung ihres bäumchens im leben

Daß du trinkst von dem alten wasser der erde
ohne bitternis

Daß die vögel kommen dir was vorzupfeifen
und du antwortest in f dur oder a moll

Daß die sonne nicht sticht oder versteck spielt
sondern ordentlich tut was sie soll scheinen

Daß dich die weitausgreifenden eltern
nicht überwuchern und dein land nicht überdüngen

Daß du wächst mit den anderen bäumen
einzeln frei und als wald

Daß du wurzeln schlägst in der gerechtigkeit

Daß du dich streckst
bis zu deiner anderen heimat
dem himmel

2000
LL 19

Abschied nehmen

Was hülfe es dir mein kind
wenn du die ganze welt gewönnest
mit deinem charme und deinen diplomen
und nähmest doch schaden
ich weiß nicht woran
ich habe angst um dich
nicht nur weil krebs zunehmen wird
und der konkurrenzdruck
und die feindseligkeit
als wärt ihr ganz ohne dach

Wenn du flöte spielst
schmilzt der eisring um mich
du sagst etwas in einer sprache
die wir nicht beherrschen
hinter dir steht unsichtbar
aber wozu hat man eine mutter
wenn sie nicht sieht
von deiner flöte gerufen
den der anders beschützt
als ich es konnte

2000

LL 57

Freundschaft

Gott du freundin der menschen
laß mich nie ohne freundin sein
laß mich geben lehr mich zu nehmen
zeig mir wie ich trösten kann
gib mir freiheit kritik zu üben

Gott du freundin der menschen
laß mich nie ohne freundin sein
gib uns raum uns zu wehren
und die kraft es ohne gewalt zu tun
gib uns den langen atem
auch wenn die zeit nicht in unseren händen ist
gib uns das lange lachen
im kurzen sommer

Gott du freundin der menschen
laß mich nie ohne freundin sein
wir gehen zu zweit los
aber deinetwegen
sind wir immer schon mindestens drei
auf dem langen weg zum brot
das eßbar ist mit dem wasser
das niemand vergiftet hat

Gott du freundin der menschen
laß keine von uns ohne freundin sein

2000
LL 10

Wohnen

Du hast schlaf jetzt weiter gesagt ich gehe
das war ungewöhnlich
weil ich sonst frühstück mache

Du hast meine decke glatt gestrichen
das war ungewöhnlich
weil es zuletzt meine mutter getan hat
als ich krank lag

Du hast ein licht in den augen gehabt
das ich noch nicht gesehen hab
das war ungewöhnlich
darin kann ich wohnen

1981
BR 80

Genauer wünschen lernen

In einem rhythmus leben mit dir
über die gleichen vögel lachen
zusammen aufstehen murren und arbeiten gehen
hungrig werden und mit dir kochen

In einem rhythmus leben gegen dich
lieben wollen wenn du lesen willst
diskutieren wenn du weinst
nüchtern sein wenn du dich betrinkst

Wünschen möchte ich lernen
mit dir und gegen dich
dasein möcht ich für dich
ohne mich aufzulösen

Dein bin ich und nicht dein
aber immer noch vielmehr dein
als ich je mein war
was man genau genommen
für einen gottesbeweis halten kann

1979
FL 38

Gott behüte dich

Gott behüte dich
du hast dein waschzeug vergessen
dazu auch ein braunes hemd
sie hebe auf ihre hände
dich zu beschützen
meine gedanken fliegen hinter dir her
sie entführen dein flugzeug
sie werden überwältigt
und abgeführt
wenn du traurig bist
verlassen deine augen dein gesicht
und ziehen aus
schon darum
muß jemand
sein angesicht aufheben über dir
ich werde die zahnpasta aufbrauchen
und mich mit deinem hemd zudecken
es riecht noch
nach dir

1981

BR 63

Auf die frage was glück sei

konstruiere ich folgende sätze
wenn du anrufst
werde ich vor glück weinen
wenn du anriefest
würde ich vor glück weinen
wenn du angerufen hättest
hätte ich vor glück geweint
wenn du anrufen hättest wollen
hätte ich weinen können
was gemessen an der alles beherrschenden kälte
ein glück gewesen wäre

1979
FL 53

Die drei geschenke

Einmal hast du etwas von meinem dünnen haar
auf die andere seite meines gesichts gelegt
und langsam so gesagt
nein besser so

Einmal hast du gefunden
das deutsche ist spannend
man weiß nie was noch kommt
bevor der satz endet

Einmal hast du auf eine frage
die ich nicht zu stellen gewagt hab
und auch jetzt nicht aufschreiben will
die antwort gegeben

1984
VL 96

Annäherungsversuche in trauer und kurzer zeit

Während wir sprachen
es wetterleuchtete und endlich
regen aufkam
eine stunde lang hab ich
mir gewünscht
daß du deine hand auf meine legst
während wir sprachen
ende mai

Mit den wünschen ist es so
manchmal gelingt es sie umzutauschen
gegen etwas nicht ganz so unmögliches
dann bleibt wohl der vorherige schmerz
doch anders
öfter sterben sie einfach
den kleinen tod
jeden tag denselben
du hast mich nicht rufen hören
ich sprach die falsche sprache

Wenn alle wünsche verwelkt sind
werde ich tot sein
auch für mich
aber zäh wie der kuckuck
schrei ich den ganzen juni

1979
FL 70

Vision eines augenblicks

Ich seh uns in einem zimmer stehen gerade angekommen
eine kleine pension das fenster zum meer
ich sehe uns uns anschauen
ohne worte
ohne bewegung
ohne berührung

Nackt in kleidern
sprachlos in sprachen
starr im leben
seh ich uns stehen

Irgendwann werden wir ein paar worte wechseln
irgendwann die sachen ausziehen
irgendwann die arme heben
und den augenblick brechen
wieder ausatmen und einatmen
wieder weinen und lachen
wein trinken und auf die uhr sehen
wieder zurückgehen in das hin und her

Nachdem wir einen augenblick lang
fort waren von allem
unerreichbar für alle
liebe: schönes vergebliches wissen
jetzt und in der stunde unseres todes

1979

FL 45

Alle tage ehe

Manchmal wenn wir uns umarmen
beiläufig beim kochen oder zeitunglesen
spür ich das beben in der erde versteckt

Unser haus wird immer gläserner
die hellen sommeräpfel liegen im gras
die toten robben treiben auf die urlaubsinseln zu

Manchmal wenn wir uns umarmen
beiläufig während ich tippe
schleichst du dich an herr störenfried

Mich festzuhalten mit der wärme deines körpers
die zeit die ich noch hier hab
die haut der erde wird schon dünn

1990
ZU 54

Schön deine sprache

Schön deine sprache
wenn sie zu tanzen anfängt
schön deine hände
wenn sie zwecklos auffliegen
schön bist du
mein über den berg gegangener

Mein ist das falsche wort
schön wird immer mehr wahr
ein wort zieht zu
ein wort zieht weg
aus unserer immer noch gemeinsamen wohnung

1981
BR 77

Deine angst meine angst

Du wirst sagst du von mir enttäuscht sein
du gehst sag ich bald fort
deine angst meine angst

Meine angst daß du etwas
und warum dann nicht alles vergißt
deine angst daß ich etwas
und warum dann nicht alles vermisse

Einen anruf versäumen
eine frage nicht stellen
ein glück nicht auffangen
einen kummer nicht lesen können

Meine angst deine angst
hätten wir glauben das wasser
hat uns noch immer getragen
sanft gehen die wolken
über dein gesicht

1979
FL 54

Dialektik der liebe

Ich falle in deine stimme
aber ich höre auf deine worte

Dein ton sagt mir hab keine angst
aber deine worte sagen mir so geht das nicht
und so sehr aus samt deine stimme ist
wie die von paul robeson[4] und ich stelle mir vor
deine haut wäre schwarz
so klar wie kristall ist was du von mir willst

Ohne auch nur einen zentimeter zurückzugehen
und mir auch nur die leiseste unwahrheit zu erlauben
nötigst du mich farbe zu bekennen
und sprichst doch so als sei
die wahrheit die größte verlockung meines lebens

Und nicht lebensgefährlich
wie ich bis heute abend gedacht hab

1984
VL 81

Ihre Theologie, ihr Glaube, ihre Religiosität hat sich immer geschärft, gebildet an realen Situationen. Wahrheit ist konkret, diesen Satz von Brecht hat sie oft zitiert, es gab für sie keine abstrakten Wahrheiten, sondern auf die Situation bezogene Wahrheiten und aus der Situation erhobene Wahrheiten. Das macht das schöne Anekdotische ihrer Sprache aus.

Fulbert Steffensky
in einem Radiointerview mit Barbara Zillmann, 2005

Das Große im Kleinen

In den Gedichten Dorothee Sölles geht es nicht nur um Erhabenes, sondern auch um die Schönheit des Nebensächlichen, um das Große im Kleinen. Um eine genaue Beobachtung des Alltags, in dem oft mehr aufscheint, als die Oberfläche preisgibt.

In ihren poetischen Miniaturen legt Dorothee Sölle Momente der Hoffnung frei, gleichsam im Vorübergehen. Dabei wusste sie, dass die Hoffnung nicht allein von Argumenten lebt, sondern eine große Sprache braucht. Poetische Bilder, die über das Argument hinausweisen: wahrhaftig in Wünschen und Gefühlen, in Träumen der Befreiung, des ganzheitlichen Lebens.

Street flower

Am straßenrand blüht eine malve
eine knospe ist beinah offen
altrosa wird sie sein
vielleicht schon morgen

Hätt ich geduld
ich würde warten
hätt ich aufmerksamkeit
ich rührte mich nicht vom fleck
hätt ich frömmigkeit
hier würde ich niederknien

Vielleicht schon morgen
könnt ich sehen nicht nur glauben
wie es einem mitgeschöpf gelingt
am straßenrand zum blühen zu kommen

1990

ZU 100

Gründe gott zu loben

Heute
hat meine jüngere schwester
öffentlich laut und traurig gesungen
und ich hatte noch nicht gesehen
daß sie flügel hat

Heute
ging ich ein spielzeug kaufen
und ich hasse vergleichen suchen und fragen
und ich hatte noch nicht erlebt
wie schön es ist
einen teddybär zu befreien

Heute
lief ein student weinend aus der klasse
als wir über die auferstehung sprachen
und ich wußte noch nicht
wie allein einer sein kann
mit dir

1979
FL 18

Der besen

Und ich sah einen mann in der 126sten straße
einen besen in der hand
zweieinhalb meter straße kehren
sorgfältig beseitigte er abfall und schmutz
auf einer winzigen fläche
mitten in einer riesigen fläche
von abfall und schmutz

Und ich sah einen mann in der 126sten straße
und trauer saß ihm im rücken
zweieinhalb meter straße kehren
abnutzung war in den armen
in einer stadt
in der nur verrückte etwas zu hoffen finden

Und ich sah einen mann in der 126sten straße
einen besen in der hand
es gibt viele arten zu beten
mit dem besen
hatte ich es bislang
noch nicht gesehen

1981
BR 118

An einen touristen in dubrovnik

Du mit der gelben regenjacke
und der phantastischen ausrüstung
amerikaner
hör doch endlich auf
die festung angesichts der wellen zu knipsen
kauf dir ne postkarte
und fang doch mal an selber zu sehen

Die kleine katze sieh doch
wie sie zum dachfirst vorzieht
und wie eine queen schreitet
und springt auf die andere seite der gasse

Die farben der ziegel sieh doch
vergiß nicht wie lang sie schon dort sind
du amerikaner
stell dir vor es gelänge
die schattierung von rot nach braun bis zu ocker
auf nur zwei reihen ziegeln
mehr brauchst du nicht junge
so lang anzusehen

Bis du den abstand von subjekt zu objekt
endgültig verringert hast
weil du aufhörst zu beobachten
das licht wird dann über dir spielen
statt dir im wege zu sein

Junger mann aus oregon
wenn es dir gelänge so zu sehen
daß du das dach wirst
und die kleine katze
und ein paar alte ziegel

Vielleicht könntest du dir
deine heilige kamera
beruhigt stehlen lassen

1981

BR 119

Paestum

Ich lag auf dem boden im tempel der griechen
ich wünschte mir schlaf
da rührte ein kinderfüßchen mich an
etwas streifte mich huschend

Auf der fünften säule der langen reihe
sah ich eine vom volk der eidechsen
im spalt verschwinden
und fragte mich
wer länger bleibt
die säulen der götter
einzeln frei und zusammen
die glänzenden tiere
uralt eilend

Und fragte mich
wohin ich gehöre
unfrei und überflüssig
zwischen stein und tier

1990

ZU 50

Ein psalm

Ich sah drei jungen im schwimmbad
auf den sprungturm klettern
und der letzte steigt auf wenn der erste
schon durch die luft fliegt
wenn der zweite ich denk er ist zwölf
leicht hochspringt und sich kopfüber dreht
klettert der erste wieder hinauf

Ich sah drei jungen im schwimmbad
steigen und springen und fallen
einer tut was der andere gerade getan hat
und gleich tun wird
ein ballett wird geübt
und die leere zeit wird geteilt
unter luft und boden und wasser

Ich sah drei jungen im schwimmbad
miteinander in bewegung
wissen sie nicht was sie tun
führen im schwimmbad öffentlich vor
was es bedeutet zwölf
und zu dritt und
am leben zu sein

Ich sah drei jungen im schwimmbad
ein ballett für den frieden tanzen
in der zeit der hochrüstung
die musik muß ich in mir finden
aber den choreographen
kenn ich vom hörensagen

Nach den traditionen des islam
hat er mindestens
neunundneunzig namen

1984
VL 135

Im fernsehstudio

Im fernsehstudio schminkt mich ein mädchen
und ich entdecke in ihrem jungen gesicht
ein büschel haare links von ihrem mund
was machst du damit denk ich
wenn du dich selber schön machst
darfst du denn überhaupt
unpassende haare haben
beim deutschen fernsehen
ihre augen sind traurig und genau
ich entschuldige mich
weil ich keinen lippenstift habe
es gibt wichtigere dinge tröstet sie mich
und wir fangen an unmäßig zu lachen

Während du mich schön machst wie sie das nennen
und ich dich schön finde wie sie das ausrotten
lachen wir ungebändigt zwei frauen

1990

ZU 87

Todesschrecken

Auf dem fensterbrett ausgestreckt
liegt die katze
einen tag lang hab ich sie
nicht getroffen
behext von der angst
sie könnte tot sein

Da seh ich ihren bauch
sich füllen und leeren
jasagen und neinsagen
aufgehen untergehen
der schimmer des fells
ändert sich wenn das licht anders fällt

Immer fällt das licht neu
auf alles was lebt

Ich umarme meine katze
und das graue gleichgültige licht
eines sommermorgens im norden
ich umarme das graue licht
es spielt noch
mit mir

1984
VL 62

Behindert

Ralf war einundzwanzig jahre alt
und konnte gerade bis drei zählen
eingestuft als geistig behindert
als er die lehrerin traf
die von ihm wissen wollte
warum er
in der schule nicht rechnen lernte

Er teilte es mit
und vergaß sich selber
mit den augen zu sehen
die ihn demütigten

Er fing an rechnen zu lernen
und setzte langsam tabletten ab
er bekam keine anfälle mehr
und als er teilen lernte
im mathematischen sinn
dachte er über gerechtigkeit nach

Jede bekommt das gleiche sagte er
das ist das evangelium der gerechtigkeit
unser verstand ist viel zu klein
für diese gottesrevolution
sagte er jedem der es hören wollte
und allen die es nicht hören wollten
jede bekommt das gleiche

Zweiunddreißig geteilt durch acht ist vier
für alle acht das gleiche
fügt er jedesmal hinzu

1990
ZU 89

Das cello

Er fuhr nach hause von der orchesterprobe
er war müde
er dachte sich nichts als sie einstiegen
als sie anfingen zu pöbeln

Erst als es leerer wurde
und sie zudringlicher
bekam er es mit der angst

Als sie ihn schlugen
waren nur noch wenige in der s-bahn
er wehrte sich nicht
da merkten sie wo es wehtat

Und traten auf den instrumentensack
daß es nur so krachte

Was hat ihnen das cello getan
was hat ihnen der blasse junge getan
und was haben wir ihnen nicht getan

2000
LL 70

Der ofen

Als jacob klein war hat er zeitungen ausgetragen
sie lagen im korb vorn am fahrrad
im winter war es früh dunkel und regnete
einmal stürzte jacob mit dem rad
der korb fiel um und die abendausgaben
lagen naß und verdreckt auf dem boden

Jacob war elf und es war sein erster job
er muß zuhause angerufen haben
konnte aber nicht sprechen
dann kam sein vater sie hoben die nassen papiere auf
zuhause hat vater sagt jacob sie einzeln aufgefaltet
und auf den ofen gelegt zum trocknen
er hat mich ganz fest umarmt sagt jacob
er hat nie gesagt daß es nicht wichtig sei
alles wurde warm und trocken
dann fuhren wir zusammen im auto
und mit schwung warf er die getrockneten zeitungen
in die offenen loggien der vorstadthäuser

Als jacob diese geschichte erzählte
konnte ich den geruch
von nassem dreckigen zeitungspapier das trocknet
nicht aus der nase kriegen
außerdem fiel mir der martin luther ein
der gott einen backofen voll liebe nannte
daran hab ich eigentlich selten gezweifelt
nur daß ich oft nicht wußte wo der ofen stand

1984

VL 165

Millionärin der liebe

Mein jüngstes kind sagt mir am telefon
daß es die zeit in der ich fort bin berechnet
in sekunden
es macht genau
sucht sie die lange zahl
1.772.536
und bringt sie stockend hervor:
es ist noch eine million
siebenhundertzweiundsiebzigtausend
fünfhundertsechsunddreißig sekunden
bis du wieder da bist mama

1990
ZU 88

Klavier üben

Meine Tochter spielt eine tonleiter
und geht immer einen schritt zurück
eh sie zwei vorwärts macht
sehr lange versucht sie das

Meine kleine tochter spielt eine tonleiter
und ich höre ihr zu
es sind nicht die klaviertöne
es ist nicht die mechanik
es ist nicht der fortschritt
es ist die geduld

Das langsame unbeirrbare wachsen
aber wie lange üben wir schon
spielen immer wieder
die tonleiter f-r-i-e-d-e-n

Spiel noch einmal kleine tochter
du tröstest mich

1984

VL 19

Kinderfragen

Es gibt viel angst mein jüngstes
die ich dir nicht nehmen kann
großmutter ist gestorben
und panzer brauchen sie für den krieg

Es gibt viel ich kann nicht
wenn du mich fragst mein jüngstes
großmutter schälte kartoffelschlangen
der friede ist ein hirsekorn klitzeklein

Die großen jungs in den panzern
fürchten sich auch und wollen lieber nicht rein
das reich gottes ist noch winziger
als du warst und wird ein baum sein

Darunter zu wohnen

1981
BR 43

Fragment

Wenn der wind den verwilderten kastanienbäumen
die braunen finger abreißt
der alte pariser vorort mit wirren wolken schnell davonsegelt
die abgeblätterten fenster im jugendheim knarren
sie sängen gern
auf den hügel vor der brausenden autobahn
legt sich der mond
dann würde ich gern den abwesenden freunden schreiben
diesen brief den ich nie geschrieben habe

1990

ZU 41

Die wirklichen Themen sind heute im Grunde zwei. Das eine ist die Ökologie, und das andere ist die Armut, die Verelendung einer wachsenden Anzahl von Menschen. Die Herren dieser Welt machen das ganz alleine. Die multinationalen Konzerne beherrschen die Erde und die Wirtschaft. Und die Menschen haben das Tina-Syndrom: „There is no alternative." Wir dürfen uns davon nicht entmutigen lassen.

Dorothee Sölle
in einem Radiointerview mit Barbara Zillmann, 2001

DAS GIFTGAS
MUSS WEG
Giftgas-No!

Der prophetische Blick

Nach ihrer Lehrtätigkeit in den USA hatte Dorothee Sölle Gastprofessuren in Kassel, Basel und Hamburg. Nie hatte sie aufgehört, sich auch in ihrer Heimat politisch einzumischen, etwa bei den Protesten gegen die Stationierung der Pershing II-Raketen und amerikanischer Giftgasdepots in Deutschland. Bei einer Demonstration in Mutlangen beteiligte sie sich mit anderen älteren Prominenten wie Helmut Gollwitzer und Heinrich Böll an den Protesten; bei Sitzblockaden ließ sie sich von der Polizei wegtragen. Zweimal wurde sie deshalb wegen Nötigung verurteilt. Auch gegen die Nutzung des alten Truppenübungsplatzes in der Kyritzer Heide protestierte sie.

Aber nicht genug: Im Sommer 2001, mit 72 Jahren, trat sie der umwelt- und bankenkritischen Bewegung Attac bei. Sie demonstriert und plädiert im Frankfurter Bankenviertel für eine gerechtere Verteilung des Reichtums.

Mit sanfter Stimme fand sie prophetische Worte, auch auf Kirchentagen. Die Krisen von heute sah sie in vielen Details voraus, mit großer Empathie für die Ausgegrenzten. Immer noch wollte sie aufrütteln und gestalten, bezeichnete sich gern als Sozialistin, blieb optimistisch.

Minderheiten

Lehre uns minderheit werden gott
in einem land das zu reich ist
zu fremdenfeindlich und zu militärfromm
paß uns an deine gerechtigkeit an
nicht an die mehrheit
bewahre uns vor der harmoniesucht
und den verbeugungen vor den großen zahlen

Sieh doch wie hungrig wir sind
nach deiner klärung
gib uns lehrerinnen und lehrer
nicht nur showmaster mit einschaltquoten
sieh doch wie durstig wir sind
nach deiner orientierung
wie sehr wir wissen wollen was zählt
...

Verschwistere uns mit denen die keine lobby haben
die ohne arbeit sind und ohne hoffnung
die zu alt sind um noch verwertet zu werden
oder zu ungeschickt und zu nutzlos

Weisheit gottes zeig uns das glück derer
die lust haben an deinem gesetz
und über deiner weisung murmeln tags und nachts
sie sind wie ein baum
gepflanzt am frischen wasser
der frucht bringt zu seiner zeit

2000
LL 14

Die sanfte republik

Wie ich mir denn das sanfte land denke
wo niemand mehr töten lernt
werde ich manchmal gefragt
dann seh ich die weinberge über der mosel
die vielen terrassen mühselig zusammengeschleppt
ich seh die kelter und die vielen leute
die es brauchte um wein zu machen

Schön ist die überlistung des bodens
nicht schlimmer als wenn ich meine katze überliste
der harte unblutige kampf mit den steinen
das behüten der anderen lebewesen
vor gar zu widrigem wetter

Ich will in dem sein was ich mache
wie die töpferin in der schüssel ist
wie der lehrer in der halben geschichte
zum weitererzählen

Ich will etwas bauen das leben hilft
nicht tränengas will ich erfinden
noch eine schule konstruieren ohne verstecke
ich will bei der arbeit zuhören
auf das was die anderen brauchen

Dann möchte ich noch das ist der unmöglichste wunsch
daß sonne und wind das meer auch
und seine landgeschwister
nicht von mir getrennt sind und ferngehalten
sie sollen mich stören mir widerstehen
sie sollen mich rufen mir nachgeben

Die strickerin spricht mit dem knäuel
das ruft und rollt und zehrt sich auf
wird neu unter ihren händen
so möchte ich schaffen ohne zu plündern

1984

VL 143

Die religiöse dimension der friedensbewegung

Das fenster der verwundbarkeit
so sagen die militärs
um die aufrüstung zu begründen
muß geschlossen werden

Ein fenster der verwundbarkeit
ist meine haut
ohne feuchtigkeit und ohne berührung
muß ich sterben

Das fenster der verwundbarkeit
wird zugemauert
mein land
kann nicht leben

Wir brauchen licht
um denken zu können
wir brauchen luft
um atmen zu können
wir brauchen ein fenster
zum himmel

1984
VL 167

Dokumentenlos

Und was hat er ihnen zum geburtstag geschenkt
fragte der beamte die junge frau
in der einwanderungsbehörde
wo die ehen auf echtheit geprüft werden

Und sie zu verlegen zu sagen
daß ers vergaß
erfindet den roten pullover

Und was haben sie ihr zum geburtstag gegeben
fragt der beamte den mann
geburtstag letzte woche ach gott ja

Es kostete beide fünf jahre
ohne papiere zu leben
das war ein hoher preis in new york
für einen pullover den es nie gab

1984

VL 123

Ein flüchtling aus einem andern land

Er irrte lange am flughafen herum
weil er die türen nicht kannte
die sich durch annäherung öffnen

So ging er nicht nah genug
an die gläsernen wände heran
und wich zurück auf der suche
nach einem ausweg

Die zeit wurde ihm heiß
im gefängnis aus glas
diesem flüchtling aus einem andern land
das auch deutschland hieß

1984
VL 22

Eine asylantin

Hier ist sie nicht geboren
unsere sprache versteht sie nicht
gearbeitet hat sie ohne papiere
gewohnt hat sie wechselnd
bei einer freundin
in einem container
sie würde gern anfangen
zu arbeiten
hier bei uns

Ihr name ist hoffnung
hier kennt sie niemand

2000
LL 78

Lob in der schrecklichen weihnachtszeit

Als der regen
auf die roten mäntel der weihnachtsmänner fiel
und sie ihre bonbons aus ihren säcken holten
und die kinder ihre eiligen mütter festhielten
und mir mir mich schrieen vor dem kaufhaus
gingen hinter mir zwei jungen

Bei uns in chile ich traute meinen ohren nicht
sind die weihnachtsmänner viel größer
und der nikolaus holt alles runter ganz viel

Ich drehte mich um und sah einen menschen
von zwölf jahren mit schwarzen locken
er sagte in klarem deutsch zu einem blonden
alle kriegen was verstehst du keiner
kriegt nichts verstehst du gar keiner

Dies ist eine wahre geschichte aus hamburg-altona
und drei gründe auf einmal
gott zu loben
für das gloria keiner kriegt gar nix keiner
für den engel im anorak
für das chile das war

Für das chile das sein wird

1979

FL 9

Die deutsch-amerikanischen beziehungen

Als in mutlangen
eine menschenkette die armeebasis umschloß
lehnten soldaten aus den fenstern der kaserne
und warfen da sie nicht kommen durften
kleine zettel herunter

Ich been mit sie
do not yield
stay free
most of us are with you
ein amerikanischer soldat

…
most of us ist eine gute nachricht
und kann angezweifelt werden
aber als ich den brief las
fiel mir das evangelium ein
von der schnell wachsenden saat
auch unter amerikanischen soldaten
glauben einige noch immer an das leben

1984
VL 122

Lob meines vaterlandes

Vögel nisten an manchen stellen meines landes
die längst ausgestorben sind
noch diesen sommer wurde in meinem land
ein dorf mit brunnen und kirchplatz gebaut
ehe die planierraupen die bohrungen sicherstellten
junge männer in meinem land füttern die kranken
und machen ohne das schießen zu lernen alte leute sauber
frauen gibt es in meinem land die
ohne sorge um ihre glatte haut
sich darum kümmern daß andere haut
napalmfrei unverkrebst und ordenslos bleibt

Von all diesen
vögeln dörfern zivildienstleistenden
und widerstand leistenden frauen
gibt es nicht genug in meinem land
den dritten krieg zu verhindern
von all diesen
gibt es noch nicht genug

1981
BR 7

Ohne titel

Ich hab sorge meinen job zu verlieren
selbst wenn der direktor mir den rücken stärkt
bewegen sich meine füße nicht mehr
auf sicherem grund
die tragenden alten bilder
sickern unter mir weg
meine hände strecke ich aus nach den kollegen
und fühl sie ins leere fassen
am telefon fragt mich jede zweite
ob ich vom schlaf hochgeschreckt sei
nein nein versichere ich
du störst nicht mehr als immer
nur von innen wächst ein knäuel
alle meine glieder bewegen sich
voneinander fort
und wo ich war die sie zusammenhielt
ist nur ein sich vergrößerndes loch
so daß ich voraussichtlich
meinen job schon verloren habe
ehe sie mich entlassen
weil ich zerfalle in stücke
die wahrheit die meinen ganzen körper braucht
nicht mehr hier übernachten lassen kann
und sie ohnehin illegal hierzulande
fortgezogen ist

1990
ZU 36

Fernbleiben

Tage ohne das lob gottes
tage ohne den gebrauch der augen
tage ohne anwendung der ohren
tage ohne etwas zu sagen
tage ohne jemanden zu berühren

Fernsehen
fernsprechen
fernhören
fernschlafen
fernbeten

1984
VL 18

V fall

Ich werde nicht vorsorgen
für den v fall
ich werde nicht aufpassen
in der schule der gewalt
was es zu lernen gibt
hab ich schon zweimal durchgenommen

Ich hätte gern unterricht
in freiheit
neben der des marktes und der meinungen
hätt ich gern
freiheit vom morden gelernt

1990

ZU 134

Kreuzigen

nichtszuwohnengeben – nichtslernenlassen
ineineanstalteinweisen – auseinemkurortausweisen –
inseinemästhetischenempfindenverletztsein –
dasnichtmitansehenkönnen –
unseregegendnichtverschandelnwollen – vergasen

ineindeutschesfürsorgeheimschicken – kriminalisieren –
jemandenabhängigmachen – jemandensüchtigmachen –
neurotisieren – einenkopfkürzermachen –
kopflosmachen – verdummen –
denbodenunterdenfüßenwegziehen –
verängstigen – brutalisieren

vergessen – verschweigen –
esdochnichtaufbauschenwollen –
verdrängen – esnichtgewußthaben –
esfüreineneinzelfallhalten –
esfürunabänderlicherklären – eszulassen

2000
LL 76 Auszug

Ein feigenbaum

Noch trägt unser baum keine früchte
noch schieben wir heimatlose ab
arbeiterinnen lassen wir nicht arbeiten

noch liefern wir den folterern
was immer sie brauchen können
und schnüren den ärmsten die kehle zu
daß auch ihr schrei uns nicht stört
noch wartet gott vergeblich

noch liegt unsere zeit in den händen der mächtigen
sie leiten gift in die flüsse
amüsantes in unsern bildschirm
schwermetalle in unser essen
und angst in unser herz

noch schreien wir nicht laut genug
wie lange noch gott
wie lange willst du dir das noch ansehen
ohne ihn umzuhaun deinen feigenbaum

noch haben wir nicht gelernt umzukehren
noch weinen wir selten
noch

2000

LL 16

Gegenreden

Es ist dir gesagt mensch
du hast es gehört
es ist leicht zu verstehen

    Mir ist nichts zu ohren gekommen
    ich weiß nicht was ich tun soll
    nicht einmal was ich lassen könnte
    welches programm ich eintippen soll
    an wen mich halten

Was gut ist für die alte frau nebenan
und die türkischen kinder
für den kleinen wald
hinter der autobahn
und für dich

    Ich bin schon froh wenn ich rauskriege
    was für mich was bringt
    wo ich nicht draufzahlen muß
    was super wäre
    und kein risiko dabei

Was gott bei dir sucht
nichts als recht für die rechtlosen
und freundlichkeit für alle

2000
LL 74

Die zuschauerin

Eine alte frau am fenster
hob verstohlen den vorhang
auf die straße zu spähen
zur menschenkette
die sich gegen den krieg stellt

Sie mochte wohl dabeisein
die alte frau
aber es waren vier stockwerke
und sieben wohnungsparteien
man konnte sie sehen

Die alte frau hat angst gehabt
achtundsechzig jahre lang
hat man sie verhetzt
noch reicht der mut nicht
noch schläft ihr zorn

Eines tages
geht sie weg von ihrem fenster
und kommt langsam die treppe herunter
ohne vorhang nur mit sich
ihre füße
werden auf ihr herz hören
eines tages

1990
ZU 114

Dresdner stollen

> *Gestillt werden kann*
> *der hunger nach brot*
> *grenzenlos ist*
> *der hunger nach schönheit*
>
> *Retamar aus kuba*

Die glatzköpfe kamen am heiligen abend
in das geöffnete café der alternativen
alles hat heute zu sagten sie
meinem freund aus dresden neustadt
der auch früher ohne gewalt zu leben versuchte
sie brachten sich bier in kästen mit
mein freund gab ihnen einen stollen
heute sei doch weihnachten

Sie nahmen das weihnachtsbrot
und warfen es herum
bis es zerkrümelt
am boden lag

Nach welcher schönheit suchen sie
unter der der messer und ketten
die gewalt gegen die eigene kindheit
und die stollenbackenden mütter
die angst davor beschenkt zu werden
und der haß auf die
die den hunger nach brot
mit dem hunger nach schönheit
unteilbar verbinden

2000
LL 65

Zwischen zwei ängsten

Manchmal träume ich von einer großen decke
um den kleinen blauen planeten zu wickeln
und all das selbstgekochte unglück abzuhalten
  Es ist zum ersticken
  in san franzisco preisen alle busse
  ein mittel gegen asthma

Manchmal träum ich vom mantel gottes
der die genforscher beruhigen könnte
und die rüstungsaktien abstürzen ließe
  Es ist zum ersticken bei uns
  drei freundinnen haben brustkrebs
  zwei sind noch am leben

Manchmal träum ich von einem anderen glauben
der nicht nach ergebenheit riecht
und den megatrend nicht anbetet
  Es ist zum ersticken hier
  meine angst will auswandern
  muß ich denn ewig in ägypten bleiben

Manchmal lächle ich über die lang vergangene
angst vor gott
und seh eine neue wachsen
um ihn
sie
macht mir mut

2000
LL 35

Ich glaube nicht, daß das ganz kaputtzukriegen ist in den Menschen, das von Gott in uns, wie wir es im Christentum nennen. Natürlich kann ich das zumüllen, das von Gott in mir, das ist gar nicht schwierig, das machen wir täglich, aber man darf eigentlich nie vergessen, daß das in jedem Menschen drinsteckt, jüdisch gesagt die Umkehr, die Teschuwa, die ist in jedem Moment möglich.

Dorothee Sölle
in einem Radiointerview mit Barbara Zillmann, 2001

Die ersten und die letzten Dinge

Unerwartet starb Dorothee Sölle am Morgen des 27. April 2003 während einer Vortragsreise. Noch am Vorabend hatte sie Mut gemacht, auf Gott und die Menschen zu vertrauen.

Doch schon öfter hatte sie Zeichen der Schwäche an sich erlebt. Intensiv arbeitete sie an ihrem theologischen Spätwerk „Mystik des Todes". Auch in ihren Gedichten erscheint nun „Freund Hein".

Ihrem Tod sah sie gelassen entgegen, weil sie ihre Endlichkeit bejahte. Ein Wassertropfen im Meer Gottes wollte sie einmal werden, an ein Fortleben nach dem Tod hat sie nicht gedacht. Wichtiger war ihr, dass Gott und seine Anliegen weiterleben, über Generationen hinweg.

Kyrie

Herr wir bringen vor dich alle unsere angst
die angst alt zu werden und die angst vor dem tod
die angst allein dazustehen und die verlassen zu werden
die angst vor den aufgaben denen wir nicht gewachsen sind
und die angst davor nicht gebraucht zu werden
alle ängste bringen wir zu dir gott
die die wir kennen und die die hinter den bekannten lauern
herr erbarme dich

Christus wir bringen unsere traurigkeit zu dir
unsere müde milde verzweiflung
über die ausrottung unserer geschwister der tiere und pflanzen
und unser kaltes entsetzen über das geschäft
mit der entstehung des lebens
nimm unsere schwäche und unsere angst in dein herz
christus erbarme dich

Gott du dunkler grund allen lebens
wir bringen uns selber vor dich
daß du uns auffängst wenn wir fallen
und wir wissen daß wir nicht aus dir herausfallen können
in keinem augenblick unseres daseins
herr erbarme dich

1990
ZU 69

Ein leeres kinderzimmer

Und ich sah ein leeres kinderzimmer
nur ein alter bär bewohnte es
und zwei püppchen schwatzten miteinander
ich fand einen halbleeren kleiderschrank
ich brauch nicht mehr brummte der alte mann
ich nehm mir viel zeit
ich bin nicht arm
ich will nicht reich werden
ich will meine ruhe haben
nicht kaufen müssen und mich nicht verkaufen
niemanden ausstaffieren und mich lassen wie ich bin
meine hände leer machen
daß ich das beten anfange
ich will loslassen lernen
und wenn ich alles gelassen habe
werde ich frei sein
und wenig spielzeug brauchen

und mit dir gehen
und selber singen
in dem sanften anderen land

2000
LL 105

Trauerarbeit

Sie wurde nicht einmal 18 jahre alt
stand auf der schwarz umrandeten karte
die feierlichkeit der leidträger
und dein unüberhörbares lachen mitten darin

Oft habt ihr die öffentlichen gebäude beschrieben
parolen und zeichen der kämpfenden
jetzt sprühen deine freunde für dich
„anne wir brauchen dich wer
braucht schon autos"

Trauer ist etwas organisieren gegen die kälte
gegens vergessen
gegen die fakten
dein unüberhörbares lachen mitten darin
hilft uns beim trauern

Als ich aufblickte in der kapelle
nicht auf den sarg unter blumen dort warst du am wenigsten
mich umsah bei denen um mich herum
die nicht überfahren worden sind
die zwölfjährigen mit kinderaugen
und die neunzehnjährigen die cool blieben ganz cool
alle sahen dir ähnlich anne
ich konnte die unterschiede nicht mehr finden
alle waren du mit oder ohne tränen
und ich hörte dich losprusten
dein unüberhörbares lachen mitten darin
deinen widerstand gegen die kälte die glätte die kälte
plötzlich
sahen alle dir ähnlich

1979
FL 34

Auf einer friedensversammlung

Wir sind nicht nur zehntausend
sagte ich wir sind mehr
die toten beider kriege
sind bei uns

Ein journalist kam fragen
woher ich das wissen wolle
hast du sie nicht gesehen
frag ich den ahnungslosen
hast du deine großmutter
nicht jammern hören
als sie wieder anfingen
wohnst du denn ganz allein
ohne daß tote mal vorbeischauen
einen zu trinken mit dir
bildest du dir wirklich ein
du wärest nur du

2000
LL 69

Der zuzug von freund hein

Er ist eingezogen vor zwei jahren
ich sehe nicht viel von ihm
ich höre ihn manchmal tappen
treppauf treppab

Selten denk ich er steht im zimmer
ich bekomme keine luft mehr

Freund wäre zu viel gesagt
aber feind wäre noch unwahrer

Er wird hier wohnen bleiben
er hat ein recht darauf
ihm kündigen wär arrogant
niemand wirft ihn hinaus
manchmal red ich ihm zu
mich mitzunehmen
in sein land

Es ist grau wie die nordsee
die manche mordsee nennen

2000
LL 52

Am fenster voller gold

Es blüht der herbstbaum auf
am fenster voller gold
ich ruf die mutter an
sie hats doch so gewollt

Sie soll noch etwas hören
das sichtbar ist und freut
ich wollte sie nicht stören
mit politik und leid

Ich kann sie nicht mehr rufen
der anschluß ist gestört
ich fürchte herbstliche bäume
sind was sich nicht gehört

Für tote die gestorben
nicht hören und nicht sehn
ich sprech noch mit ihr lange
doch will die zeit nicht stehn

Sie rennt viel schneller als ich will
und trennt mich mit gewalt
sie sagt du mußt noch leben
die mutter war schon alt

Ach zeit du willst mich betrügen
ich leb doch nicht im takt
den du mir vorgibst mit lügen
von schluß und zuende und fakt

Ich atme doch verbunden
mit jedem blatt das rollt
die mutter ist nicht verschwunden
am fenster der baum voll gold

2000
LL 49

Gegen den tod

Ich muß sterben
aber das ist auch alles
was ich für den tod tun werde

Alle anderen ansinnen
seine beamten zu respektieren
seine banken als menschenfreundlich
seine erfindungen als fortschritte der wissenschaft
zu feiern
werde ich ablehnen

All den anderen verführungen
zur milden depression
zur geölten beziehungslosigkeit
zum sicheren wissen
daß er ja sowieso siegt
will ich widerstehen

Sterben muß ich
aber das ist auch alles
was ich für den tod tu

Lachen werd ich gegen ihn
geschichten erzählen
wie man ihn überlistet hat
und wie die frauen ihn
aus dem land trieben

Singen werd ich
und ihm land abgewinnen
mit jedem ton

Aber das ist auch alles

1990
ZU 49

Vor dem tanz

Hau ab tod
ich hab zu tun
hol doch deine geschäftsfreunde
die den kindern kein sauberes wasser gönnen
ich ruf meinen großen bruder
du kennst ihn doch

Schau später nochmal rein
wenns besser paßt
soviel hab ich auch nicht gegen dich
bloß daß du immer die falschen willst
die mächtigen fett und satt läßt
vom leben
als sei sie dein die kraft und die herrlichkeit

Einmal will ich nicht mit dir kämpfen
tanz mit dir den pas de deux
hör wie du mir sagst hau ab
leg mich zu dir schlafen
let it be sag ich dann
ich bin auch nur ein blatt das fällt

Vom großen baum
den du nicht gepflanzt hast
der dir nicht gehört
so wenig wie mir

2000
LL 58

Durchwachte nacht

Durchwachte nacht die sterne nah wie nie
die milchstraße nebenan
trauer fällt über mich her und schlägt zu

Eine sternschnuppe fällt aus nichts
in nichts
geschlagen kann ich nicht wünschen

Sie rücken ab die nahen sterne
verschwinden zu spät bete ich
um tränen

Zwei traurigkeiten soll es geben
eine der welt und sie führt zum tod
eine gottes und sie soll zum leben führen

Ich weiß sie nicht
zu unterscheiden

1990
ZU 53

Bild einer alten frau

Auf dem verschneiten friedhof vor meinem fenster
sitzt heute morgen die wintersonne
rauch spinnt kleine knäuel von der fabrik
ich denke an die alte frau h
die beim plaudern die zeit vergaß
und sich schämte als sie es merkte

Der kaffee hörte ich sagen soll sein
wie die liebe heiß bitter und süß
heimweh sagt sie mit ihren zweiundachtzig jahren
und wiederholt das wort
wie eine gute lehrerin die lernt
wenn sie lehrt heimweh

Ohne worte hat sie mich gefragt
warum sie noch hier sei
ob es erlaubt sei sich fortzuwünschen
nach so langer zeit wolle sie endlich
ich schmeckte den kaffee im gaumen
ihr leben und eines der vielen gebete
die wir nicht laut zu sagen gelernt haben

1979
FL 22 Auszug

Erinnerung an audre lorde[5]

Wenn ich es wage stark zu sein
meine kraft zu nutzen für meine vision
dann macht es immer weniger aus
ob ich angst habe

Ich habe angst meine schwester
die sonne wird giftig ohne schutzmantel
der atem wird knapp mehr asthma für alle
und die träume gehn in die irre

Es macht nichts aus
sagst du mir
deine angst
ist nicht das wichtigste an dir

Aber ich kann sie nicht loslassen
sie ist doch der krebs der dich gefressen hat
und meinen bruder
und meine freundinnen will er
sie hält mich besetzt
manchml gibt sie mir ausgang
für eine weile
aber frei bin ich nicht
meine kraft zu nutzen
für unsere vision

Es wird immer weniger wichtig
ob du angst hast
sagst du mir

Ach sag ich noch einmal
es ist als hättest du
das wort ewigkeit
neu übersetzt

2000
LL 47

Altern

So müde warst du an diesem morgen
nach einer guten langen nacht
als du dich ausgestreckt still verhieltst
nur die augen erstaunt geöffnet
bewegungslos und schwer nicht vom schlaf
doch von den vielen jahren von mühe und arbeit
wenns köstlich war wie sie sagen

So müde warst du an diesem morgen
daß meine älteste angst mich besetzte
hochkroch von sich krümmendem gedärm
bis in die kehle hinauf weiter kam sie nicht
daß ich noch länger als du bliebe
zwischen gift und geschrei im jammertal
allein

So müde warst du an diesem morgen
daß ich dich auf die stirn küßte
ohne hoffnung ihn aufzuhalten
den ältesten feind

1990
ZU 55

Ein gästebuch

Ich möchte mich unter deinem namen einschreiben
obwohl ich eine art namen schon habe
was in der welt könnte wert sein
daß ich es dir nicht geben wollte

Meine schwestern denkt nicht ich sei treulos
der sache derer die namenlos gemacht worden sind
ohne wissen und willen
die ihren namen finden müssen

Versteht mich ich möchte
das weggeben lernen nicht das festhalten
das namenlos werden nicht das identischsein
das lieben nicht nur kämpfen und hoffen

Ich möchte die quengelnde witwe im evangelium sein
und nicht der richter werden der schließlich weich wird
das sanfte wasser möcht ich werden
und nicht der aushöhlbare stein

Ganz ohne namen möcht ich sein
und in den himmel kommen
aber wie das lernen in einer zeit
da nummern präpariert werden
für jeden von uns

1979
FL 81

Zeitansage

Es kommt eine zeit
da wird man den sommer gottes kommen sehen
die waffenhändler machen bankrott
die autos füllen die schrotthalden
und wir pflanzen jede einen baum

Es kommt eine zeit
da haben alle genug zu tun
und bauen die gärten chemiefrei wieder auf
in den arbeitsämtern wirst du
ältere leute summen und pfeifen hören

Es kommt eine zeit
da werden wir viel zu lachen haben
und gott wenig zum weinen
die engel spielen klarinette
und die frösche quaken die halbe nacht

Und weil wir nicht wissen
wann sie beginnt
helfen wir jetzt schon
allen engeln und fröschen
beim lobe gottes

2000
LL 7

Gebet nach dem neunzigsten psalm

Gott du bist unsere heimat von generation zu generation
ehe die berge wurden und die meere
ehe unser kleiner blauer planet
auf dem sich das leben
durch liebe und vereinigung ausbreitet
von dir geboren wurde nach langer schwangerschaft
warst du schon vor allem da und wartetest auf uns
du läßt menschen sterben und rufst neue zum leben
kommt wieder ihr kinder von adam und eva
du läßt kulturen zugrundegehen
wenn sie sich von dir trennen
und rufst andere ins leben

Was uns tausendjährig scheint und unaufhebbar
die blutige gewalt
ist dir eine kurze nachtwache
auch tyrannen brechen erschöpft zusammen
wirtschaftskonzerne lösen sich auf
und das wissen unfehlbarer parteien
wird zum schnee vom vergangenen jahr
es blühte die sklaverei und war profitreich
aber am abend deines tages verdorrt sie
es kletterten die erträge der rüstung bis in den himmel
aber dein zorn läßt sie zugrunde gehen
und dein grimm wird den geraubten wohlstand vernichten
unsere ausplünderung der armen machst du offenkundig
unsere gut verschleierten verbrechen stellst du ins licht
so fährt unsere zeit schnell dahin in angst vor der wahrheit
wir verbringen unsere jahre wie auf dem drogentrip
der umkippt zum horror

Dreh dein gesicht zu uns gott
komm zu denen die nach dir ausschau halten
mach uns satt am morgen von deinem licht
daß wir musik machen und kein tag ohne freude sei
freu uns doch wieder gott nach all den jahren der leere
im land der plünderer
da blut an unsern bankpalästen klebt
bring uns brot und rosen mit gott

Deinen glanz steck den kindern ins haar
sei hell über uns mach uns leicht
zu kommen und zu gehen
und hilf uns deine welt bewahren
und treib das werk unserer hände voran
die gute arbeit der befreiung

1990

ZU 60 Auszug

Urheberrechts- und Quellennachweise

Fotos

Umschlag und S. 5, 26, 48, 77: © Irene und Sigurd Greven Stiftung / Oswald Kettenberger OSB, Benediktinerabtei Maria Laach.
S. 103, 129, 147, 169, 188: © Barbara Zillmann / Wolfgang Fietkau, Archiv Wolfgang Fietkau Verlag.
S. 14, 16: © Fulbert Steffensky, privat.
S. 148: © epd-bild / Reinhard Krause.

Gedichte

S. 5 Auszug aus: Wünsche im garten der barbara hepworth, in: Fliegen lernen, Gedichte, S. 78, © Wolfgang Fietkau Verlag, Berlin 1979.
S. 31, 34, 39, 45 aus: Dorothee Sölle, Meditationen & Gebrauchstexte, © Wolfgang Fietkau Verlag, Berlin 1969.
S. 23, 24, 33, 37, 40, 43, 53, 62, 63, 66, 67, 68, 70, 97 aus: Dorothee Sölle, Die revolutionäre Geduld, © Wolfgang Fietkau Verlag, Berlin 1974.
S. 19, 38, 55, 56, 69, 80, 94, 110, 111, 118, 120, 122, 123, 126, 132, 156, 174, 181, 184 aus: Dorothee Sölle, Fliegen lernen, Gedichte, © Wolfgang Fietkau Verlag, Berlin 1979.
S. 15, 20, 22, 25, 44, 46, 47, 57, 71, 72, 73, 81, 85, 91, 112, 113, 117, 119, 125, 133, 134, 144, 158 aus: Dorothee Sölle, Spiel doch von Brot und Rosen, Gedichte, © Wolfgang Fietkau Verlag, Berlin 1981.
S. 18, 21, 58, 59, 61, 64, 86, 90, 98, 106, 107, 109, 121, 127, 136, 138, 141, 143, 151, 152, 153, 154, 157, 160 aus: Dorothee Sölle, Verrückt nach Licht, Gedichte, © Wolfgang Fietkau Verlag, Berlin 1984.
S. 41, 49, 52, 54, 60, 74, 82, 99, 124, 131, 135, 137, 139, 145, 159, 161, 165, 172, 178, 180, 183, 186, 187 aus: Dorothee Sölle, Zivil und ungehorsam, Gedichte, © Wolfgang Fietkau Verlag, Berlin 1990.
S. 32, 65, 83, 84, 87, 88, 89, 92, 93, 96, 101, 108, 114, 115, 116, 140, 150, 155, 162, 163, 164, 166, 167, 173, 175, 176, 177, 179, 182, 185 aus: Dorothee Sölle, Loben ohne Lügen, Gedichte, © Wolfgang Fietkau Verlag, Kleinmachnow 2000.
S. 95 aus: Dorothee Sölle, Meditation zu den Zehn Geboten, in: Dorothee Sölle, Luise Schottroff, Den Himmel erden, S. 117, © Fulbert Steffensky / Wolfgang Fietkau Verlag.

Die Originalschreibweisen der Gedichte gelten.

Textzitate

S. 27 und S. 128: Gespräch Barbara Zillmann mit Fulbert Steffensky 2005, für die Radio-Sendung „Die Zornige Prophetin", HR 2005 und „Poesie als Gotteserfahrung", RBB 2017.
S. 76 und S. 102: Gespräch Wolfgang Fietkau mit Dorothee Sölle 1981, für das ARD-Fernsehen und den SFB-Hörfunk „Poesie ist auch eine Waffe".
S. 146 und S. 168: Gespräch Barbara Zillmann mit Dorothee Sölle 2001, für Sendungen in DLR und RBB.

Anmerkungen

1 Der Menschenfresser: Metapher für eine Rüstungstechnokratie, welche die ganze Menschheit durch Atomwaffen zu zerstören droht. Anklänge an biblische Dämonen, auch Anspielungen auf US-amerikanische Präsidenten, die Atomwaffen in Deutschland stationieren wollen.
2 Nadeschda Mandelstam, 1899–1980, russische Jüdin, Dichterin und Frau des Dichters Ossip Mandelstam. Beide wurden vom stalinistischen Regime verfolgt. In ihrem Tagebuch beschreibt sie die Strukturen diktatorischer Regime.
3 shwarer: jiddisch für „schwarzer", spilmer: jiddisch für „spiel mehr". Giora Feidmans Musik ließ die jiddische Kultur des Klezmer aufleben.
4 Paul Robeson, 1898–1976, US-amerikanischer Autor, Schauspieler und Bürgerrechtler. Als einer der ersten in der Öffentlichkeit bekannten Schwarzen wurde er zu einem Pionier.
5 Audre Lorde, 1934–1992, afro-amerikanische Schriftstellerin und Feministin. In ihrem „Krebstagebuch" beschrieb sie das Leben mit Krebs und die Bedeutung persönlicher Visionen beim Umgang mit der Angst.